JN085582

会社別就活ハンドブックシリーズ

2025

味の素の
就活ハンドブック

就職活動研究会 編
JOB HUNTING BOOK

は じ め に

　2021年春の採用から，1953年以来続いてきた，経団連（日本経済団体連合会）の加盟企業を中心にした「就活に関するさまざまな規定事項」の規定が，事実上廃止されました。それまで卒業・修了年度に入る直前の3月以降になり，面接などの選考は6月であったものが，学生と企業の双方が活動を本格化させる時期が大幅にはやまることになりました。この動きは2022年春そして2023年春へと続いております。

　また新型コロナウイルス感染者の増加を受け，新卒採用の活動に対してオンラインによる説明会や選考を導入した企業が急速に増加しました。採用環境が大きく変化したことにより，どのような場面でも対応できる柔軟性，また非接触による仕事の増加により，傾聴力というものが新たに求められるようになりました。

　『会社別就職ハンドブックシリーズ』は，いわゆる「就活生向け人気企業ランキング」を中心に，当社が独自にセレクトした上場している一流・優良企業の就活対策本です。面接で聞かれた質問にはじまり，業界の最新情報，さらには上場企業の株主向け公開情報である有価証券報告書の分析など，企業の多角的な判断・研究材料をふんだんに盛り込みました。加えて，地方の優良といわれている企業もラインナップしています。

　思い込みや憧れだけをもってやみくもに受けるのではなく，必要な情報を収集し，冷静に対象企業を分析し，エントリーシート作成やそれに続く面接試験に臨んでいただければと思います。本書が，その一助となれば幸いです。

　この本を手に取られた方が，志望企業の内定を得て，輝かしい社会人生活のスタートを切っていただけるよう，心より祈念いたします。

就職活動研究会

Contents

第1章

味の素の会社概況

会社によって選考方法は千差万別。面接で問われる内容や採用スケジュールもバラバラだ。採用試験ひとつとってみても，その会社の社風が表れていると言っていいだろう。ここでは募集要項や面接内容について過去の事例を収録している。

また，志望する会社を数字の面からも多角的に研究することを心がけたい。

✔ トップメッセージ

　味の素グループは、100年以上前に「おいしく食べて健康づくり」という志をもって創業しました。アミノ酸の研究を起点として、アミノサイエンス®*を軸に成長し、全世界で3万人を超えるグループ従業員と共に、7億人を超える生活者に商品を提供しています。

　味の素グループが創業以来大切にしてきたのは、「誰もが料理を作ることを楽しみ、おいしい料理を共に喜び合う」気持ちです。振り返ると、味の素グループで働くことは私にとって運命だったのかもしれません。子供の頃、家族のために料理をするのが好きでした。家族で囲む料理はとても幸せで、家族の絆が強くなるのを子供ながらに感じました。この食がもたらす「幸せの素」を、味の素グループの商品を通じて世界中の人々にお届けするのが、今では私の使命となり、喜びとなっています。

　創業時に掲げた「日本人の栄養改善」という目標は、現在のASV（Ajinomoto Group Creating Shared Value）として進化しました。事業を通じて社会課題を解決し、社会と価値を共創する、つまり「幸せの好循環」です。私は、人の幸せに貢献することが、自分自身の幸せにもつながると考えています。世界中の人々に「幸せの素」を届けることで、私たち従業員も喜びを感じ、自分たちの仕事に誇りを持つことができます。

　昨今の、変化が非常に激しく予測が難しい事業環境下においては、私たちが拠り所とする「志」（パーパス）がますます重要になっています。このたび、味の素グループの「志」を、従来の「アミノ酸のはたらきで食と健康の課題解決」から、「アミノサイエンス®で、人・社会・地球のWell-beingに貢献する」へと進化させました。この「志」（パーパス）には、経営層だけではなく、世界中で活躍する味の素グループの従業員から自発的に生まれてきた思いや、マルチステークホルダーの皆様の期待に応えていくという決意が込められています。

　また、味の素グループは、2030年までに10億人の健康寿命を延伸し、環境負荷を50%削減するというアウトカムを目標として掲げています。この2030年のアウトカムを両立して実現することは、我々のASV経営にとって重要なマイルストーンとなります。

　味の素グループの強さの秘訣は、創業以来100有余年にわたる取り組みによってアミノ酸のはたらきを知り尽くしていることをはじめ、卓越した人財、技術力、ブランド力、製品力にあります。サステナビリティを経営の根幹に据え、長期のありたい姿を定め、経営のリーダーシップで挑戦的な「ASV指標」を掲げ、バックキャストする中期ASV経営へ進化させていきます。人財・技術・顧客・組織の4つの無形資産の価値を高めることで、事業を通じたイノベーションを創出し、トコトン本気でASVを追求していきます。

　私たちを取り巻く環境は時に厳しいですが、私を含め味の素グループ従業員一人ひとりの心の底から生まれる「熱意」と、「志」を共有していただける多様なステークホルダーの皆様の共感を原動力に、「ありたい姿」実現に向けて取り組みを磨き続け、これまで以上に強く、たくましく成長していけると信じています。

　私は、世界中の皆さまに「幸せの素」を届けるため、強い決意をもってたゆまぬ努力をしていく所存でございます。今後ともステークホルダーや生活者の皆さまのご支援を賜りますよう、よろしくお願い申し上げます。

「Eat Well, Live Well. "AJINOMOTO"」

取締役　代表執行役社長　最高経営責任者　藤江太郎

✔ 会社データ

本社所在地	〒104-8315　東京都中央区京橋一丁目15番1号
電話番号	03-5250-8111（代）
創業年月日	1909年5月20日
設立年月日	1925年12月17日
資本金	79,863百万円（2023年3月31日現在）
従業員数	単体3,335名　連結34,615名（2023年3月31日現在）
決算期	3月31日

✔ 仕事内容

R&D

食品

私たち味の素グループは、食のリーディングカンパニーとして、科学的な視点と新技術・新素材により、「食」に関するあらゆるソリューションを世界中に提供しています。 その商品開発は、風味調味料やメニュー用調味料、スープ、冷凍食品、飲料など幅広いカテゴリーにおよび、一般家庭向けから、業務用商品までを網羅しています。 さらに、社外との連携を積極的に推進し、味の素グループ独自の技術・ノウハウと融合させた研究開発を展開しています。

アミノサイエンス

味の素グループは、アミノ酸に関する研究開発に長年取り組み、その多様な機能を幅広い事業領域に展開させ、独自の「アミノサイエンス」として拡大してきました。 私たちは、バイオ新素材、動植物栄養、化成品、医薬・医療、健康栄養など多岐にわたる分野において、グローバル市場をリードするソリューションを提供しています。 さらなる価値創造のため、国内外の企業や研究機関とのオープン＆リンクイノベーションを推進しています。

生産

バリューチェーンの"セカンドランナー"として、R&D部門で生み出された新しい製品を、モノづくりの現場で生産オペレーションのみならず、順法・防災・安全衛生・環境保全・品質保証・品質管理・コスト管理などあらゆる面をコントロールし、継続的に改善活動を推進しながら安定生産する仕事です。

Sales/Business

食品

調味料、加工食品、健康ケア食品などの領域で、各国の「おいしさNo.1」を目指し、徹底した現地・顧客適合のマーケティング力やブランド力を活かし、多様化した生活者のニーズやライフスタイルに関するデータを解析し商品開発・マーケティング・戦略立案・販促企画・顧客コミュニケーション・販売活動などを行っています。 また、国内外の加工食品メーカーや中食・外食業態に向けた独自技術を有した製品やアプリケーションを通じて生活者の新たな

ニーズ開拓や課題解決につながる提案を行い、生活者においしくからだによい食で健康づくりに貢献します。

ヘルスケア等

アミノ酸およびアミノ酸をベースとした製品・サービスを、医薬、食品、香粧品など多種多様な領域の顧客に、グローバルに提供しています。アミノ酸の有する栄養機能、生理機能、呈味機能を活かして、生活者の QOL 向上、快適な生活をサポートしています。また電子材料領域では、「味の素ビルドアップフィルム ®」(半導体パッケージ用層間絶縁材料) を中心に、グローバルに製品を提供しています。主にパソコン用途、データセンター向けサーバー用途、通信ネットワーク用途に用いられており、顧客と共に生活者のより快適な生活をサポートしています。

Corporate

デジタルトランスフォーメーション（DX）

デジタル技術を活用して、味の素グループにしかできない新たなビジネスの創造や既存ビジネスの革新に取り組みます。味の素グループの DX 推進を支える「デジタルサポート」、基礎的な解析から実装まで幅広く担う「データサイエンティスト」、ビジネスの高度化や新規ビジネス立案を行う「ビジネスデジタル」などの業務があります。

財務・経理

グローバルで 140 社以上ある味の素グループ全体の財務戦略の策定と遂行を担います。グループ視点での資金調達や投資・融資、財務面でのリスク管理や味の素グループの入出金から為替の管理など、味の素グループが事業成長していくための財務面を支えます。

法務・知的財産

味の素グループが有する有形・無形の資産を法律の観点から守り、強化していくことを担います。グループ全体の法律相談、契約書の作成・審査、訴訟対応、そして M&A などを法務面からサポートします。さらに味の素グループの重要な資産である特許権、商標権などを事業部門や研究所と連携しながら守り、強化していきます。

人事・総務

多様な人財がイキイキと働き、自らキャリアを描いて成長できる環境づくりを担います。ダイバーシティ＆インクルージョンや健康経営の推進、味の素グループではたらく社員の働きがいを高めるための制度や施策の企画立案から運用を行います。

広報

味の素グループの市場価値を高めるために、ステークホルダーに対する戦略的な広報活動を行います。マスメディアを対象とするメディア広報、株主・投資家などを対象とする IR、栄養戦略ガイドラインに基づき一般生活者を対象とする栄養広報、そしてグループ社員を対象とする社内広報など、様々なステークホルダーへ情報を発信します。

新事業開発

新しい価値を産みだす事業アイディアを創出し、それを事業として実現し、味の素グループの新しい柱として成長させる業務です。

✔ 先輩社員の声

「食感をデザインする」新技術開発で
世界をリードする存在を目指す

【R&D　食品事業本部食品研究所　技術開発センター　食感制御技術グループ／
2014年入社】

カロリーオフの新技術を開発し　世界の学会で発表。

食品のおいしさを構成する要素として、味や香りに加えて、柔らかさ、口溶け、歯ご
たえなどの「食感」は非常に重要です。おいしい料理を食べた時に、「ジューシーなお肉」
「もちもちしたパン」など食感に関する言葉を使っておいしさを表現する機会は多い
のではないでしょうか。食品の主な構成要素は、糖質、タンパク質、脂質などが挙げ
られますが、それらがどのように食感へ寄与するのか、より好ましい食感を実現し安
定的に食品を製造するためにはどのような要素を制御する必要があるのかなど、おい
しさと食感を結びつけるための研究開発を担当しています。いわば「食感をデザイン」
する仕事です。例えば、マヨネーズのように油分を多く含む食品は、低カロリー化を
図ると粘度が低下してしまいます。この低カロリーと食感（おいしさ）の両立を果た
すべく、私はある素材を用いて、元の製品の約80％のカロリーオフに成功しました。
そのメカニズムを解析し、海外の学会で発表する機会をいただくこともできました。
世界レベルの食感・食品構造に関する研究を目の当たりにし、味の素㈱における研究
力強化の重要性を実感しました。食感領域で、味の素㈱を世界的な食品メーカーに負
けない技術開発力のある企業にしていきたいというのが、研究者としての今の目標で
す。

食感の専門研究者として、世界で認められる存在へ。

私は学生時代から食感に関する研究を続けてきました。今後も世界中のお客様に対し
て高度なおいしさを実現する高い専門性を身につけ、世界規模で競争力のある新技術
を開発できる人財に成長することが目標です。さらに、その技術を市場ニーズに合っ
た製品開発に活かせるよう進化を続け、国内のみならず世界で認められる研究者を目
指したいと思っています。

「ALL 味の素」による総合的な提案で
広がった営業職の可能性

【Sales/Business　食品事業本部 東京支社家庭用第 4 グループ／ 2008 年入社】
業界大手企業を担当し 新しい提案を次々に実現。

クライアント企業に「何を売ったか」ではなく、「何を生み出したか」が、営業として私が重視しているポイントです。3 年ほど前、全国に多くの店舗をチェーン展開する業界大手ドラッグストア企業の担当となりました。その規模感ゆえ、自分の提案がカタチになるというダイナミックな経験には本当に胸が高鳴ります。私の場合、まずは先方の潜在ニーズを抽出することが重要と考え、得意先とその競合先のドラッグストアチェーンを毎月 50 件ほど自らの足でリサーチしてまわり、そこで得た先進事例や新しい情報を持ってバイヤーとの商談に臨みます。そして、浮き彫りとなったニーズに応える一歩踏み込んだ提案、例えば、先方の健康食品部門と食品部門という異なる部門の垣根を超えた横断的な販促企画などを通じて、日々新しい挑戦を広げています。業界の動向を繰り返しリサーチするなかで「現場の実態に即した提案力」にも自信が生まれ、生活者にとって役立ち、先方の売上拡大につながる高い付加価値を、味の素㈱の技術で提供できるのではないかと考えるようになりました。そこで、家庭用製品の販売提案に加えて、弊社独自技術の展開提案を行うなど、社内でも珍しい取り組みを積極的に行っています。

得意先のマインドシェアを獲得した、「ALL 味の素」の総合的な提案。

「アミノバイタル ®」や「クノール ® カップスープ」をはじめとした家庭用製品に加えて、味の素㈱の強みである独自技術を生かした総合的な提案を行いました。具体的には、加工原料部門や他の味の素グループ企業および食品研究所、がんや糖尿病リスクを評価する「アミノインデックス ®」部門などと連携する、他社にはできない高付加価値提案が、クライアント企業の更なる売上拡大とサービス向上につながると考え、先方トップ層にアプローチしました。結果、先方トップ層と弊社役員クラスとの商談という、両社の深い結びつきが生まれるきっかけづくりを主導し、先方のマインドシェア獲得に貢献できました。併せて、このプロジェクトによって社内に新たな出会いが生まれ、弊社で働く人や製品の良さを今まで以上に実感することができました。また、この 3 年で味の素グループ企業を束ねた販促提案の実現、弊社の様々な独自技術が先方の新商品や新サービスに導入され、売上が大幅拡大しました。「営業でも、ここまでできる」という可能性を示せたことが自信となり、「ALL 味の素」を動かす役目に大きな醍醐味を感じています。

R&D

応募資格	・2024年3月までに、大学・大学院を卒業／修了見込の方 ・2021年3月1日以降大学・大学院を卒業の方で、2023年 　3月1日現在で正社員、契約社員ではない方
主な業務	研究、製品開発、技術開発・企画、エンジニアリング 他
求める人物像	①味の素グループWayに共感し、ASVを実践できる方。 ②研究開発を通じ、社会価値と経済価値を共創する意欲のある方。 ③専門性を究め、活かし、イノベーション創出にチャレンジしたい方。 ④全体俯瞰から課題を発見し、既存の仕組みにとらわれない新たなソリューションを創り出すことに興味のある方。 ⑤R&Dでの経験を活かし、将来的に国内外問わず生産技術部門や事業部など幅広いフィールドで活躍したい方。
初任給	博士卒／306,000円　修士卒／257,000円 学士卒／245,000円　※2023年6月時点
賞与	年2回（6月、12月）
勤務時間	標準労働時間 7時間15分 本社／8:15～16:30　支社・支店／8:15～16:30 研究所／8：15～16：30　事業所（工場）／8:00～16:15 全事業所フレックスタイム制あり
休日休暇	年間124日固定（閏年の場合は125日）、土曜日、日曜日、祝日、年末年始、創立記念日、5月1日、5月2日、有給休暇初年度17日、有給休暇積立制度、特別休暇（ワークライフバランス休暇、リフレッシュ休暇、ボランティア休暇）、育児休職、看護休職 等
勤務地	研究所・事業所／川崎、四日市、佐賀　本社／東京 海外／アメリカ、フランス、タイ、インドネシア、中国、ブラジルなど30か国・地域他、国内支社など
福利厚生	社会保険／雇用保険、労災保険、健康保険、厚生年金保険 諸制度／住宅財形制度、退職年金制度、借上社宅制度 諸施設／各種保養施設法人契約　等
備考	記載の条件は初期配属時のものであり、入社後のキャリア開発は、個人の希望や適性などを考慮した上で、会社と一緒に行いたいと考えております。

生産

応募資格	・2024年3月までに、大学・大学院・高専・高校を卒業/修了見込の方 ・2021年3月1日以降大学・大学院・高専・高校を卒業の方で、2023年3月1日現在で正社員、契約社員ではない方
主な業務	製造・運転、工場エンジニアリング、品質保証、品質管理
求める人物像	①「モノづくり」が大好きな方 ②チームで事を成し遂げることが大好きな方 ③元気でイキイキとしている方 ④好奇心が旺盛な方
初任給	修士卒／257,000円　学士卒／245,000円 高専卒／218,000円　（会社事由により転勤のある場合の初任給。勤務形態等によって変わります。）※2023年6月現在
賞与	年2回（6月、12月）
勤務時間	8:00〜16:15（フレックス制度あり） 交替勤務（一例）8:00〜16:15、16:00〜24:15、24:00〜8:15（所定時間外労働あり） 別途シフト表によって規定されます。
休日休暇	【日勤】年間124日固定（閏年の場合は125日）、土曜日、日曜日、祝日、年末年始、創立記念日、5月1日、5月2日、有給休暇初年度17日、有給休暇積立制度、特別休暇（ワークライフバランス休暇、リフレッシュ休暇、ボランティア休暇）、育児休職、看護休職 等 【交替勤務】年間124日固定（閏年の場合は125日） 別途シフト表によって規定されます。
初任地	事業所／神奈川県川崎市、三重県四日市市、佐賀県佐賀市
福利厚生	社会保険／雇用保険、労災保険、健康保険、厚生年金保険 諸制度／住宅財形制度、退職年金制度、借上社宅制度 諸施設／各種保養施設法人契約
備考	記載の条件は、初期配属時のものであり、入社後のキャリア開発は、個人の希望や適性などを考慮した上で、会社と一緒に行いたいと考えております。

Sales/Business

応募資格	・2024年3月までに、大学・大学院を卒業/修了見込の方 ・2021年3月1日以降大学・大学院を卒業の方で、2023年3月1日現在で正社員、契約社員ではない方 ※入社までに普通自動車免許（AT可）を取得していただく必要がございます
主な業務	国内営業・海外営業・営業企画・商品開発
求める人物像	①味の素グループWayに共感し、ASVを実践できる方。 ②世の中の食や健康にかかわる課題を自らの手で解決したい！という人 ③困難なことにもめげず、新しいことにチャレンジし続けることを楽しめる人 ④様々な立場の人と力を合わせて物事を進めることが好きな人 ⑤Sales/Businessの経験を活かし、将来的に国内外問わず幅広いフィールドで活躍したい人
初任給	博士卒／306,000円　修士卒／257,000円 学士卒／245,000円　※2023年6月時点
賞与	年2回（6月、12月）
勤務時間	標準労働時間 7時間15分 本社／8:15〜16:30　支社・支店／8:15〜16:30 研究所／8:15〜16:30　工場／8:00〜16:15 全事業所フレックスタイム制あり
休日休暇	年間124日固定（閏年の場合は125日）、土曜日、日曜日、祝日、年末年始、創立記念日、5月1日、5月2日、有給休暇初年度17日、有給休暇積立制度、特別休暇（ワークライフバランス休暇、リフレッシュ休暇、ボランティア休暇）、育児休職、看護休職 等
勤務地	本社／東京　支社／東京、大阪、福岡、名古屋、仙台 支店／さいたま、金沢、広島 営業所／岩手、新潟、静岡、長野、岡山、高松、鹿児島 他　国内研究所・事業所、海外（アメリカ、フランス、タイ、インドネシア、中国、ブラジルなど30か国・地域）など
福利厚生	社会保険／雇用保険、労災保険、健康保険、厚生年金保険 諸制度／住宅財形制度、退職年金制度、借上社宅制度 諸施設／各種保養施設法人契約
備考	記載の条件は初期配属時のものであり、入社後のキャリア開発は、個人の希望や適性などを考慮した上で、会社と一緒に行いたいと考えております。

Sales（エリア限定）（24卒では大阪支社のみで募集）

応募資格	・2024年3月までに、大学・大学院を卒業/修了見込の方 ・2021年3月1日以降大学・大学院を卒業の方で、2023年3月1日現在で正社員、契約社員ではない方 ※入社までに普通自動車免許（AT可）を取得していただく必要がございます
主な業務	国内営業・営業企画
求める人物像	①味の素グループWayに共感し、ASVを実践できる方。 ②世の中の食や健康にかかわる課題を自らの手で解決したい！という人 ③困難なことにもめげず、新しいことにチャレンジし続けることを楽しめる人 ④様々な立場の人と力を合わせて物事を進めることが好きな人 ⑤応募エリアの文化や特性を理解し、キャリアを通じてエリア課題の解決に向き合える人
初任給	博士卒／275,400円　修士卒／231,300円 学士卒／220,500円　※2023年6月時点
賞与	年2回（6月、12月）
勤務時間	標準労働時間 7時間15分　支社・支店/8:15～16:30 全事業所フレックスタイム制度あり
休日休暇	年間124日固定（閏年の場合は125日）、土曜日、日曜日、祝日、年末年始、創立記念日、5月1日、5月2日、有給休暇初年度17日、有給休暇積立制度、特別休暇（ワークライフバランス休暇、リフレッシュ休暇、ボランティア休暇）、育児休職、看護休職 等
勤務地	24卒では 大阪支社のみ募集（仙台、名古屋、福岡での募集はありません）※原則として転居を伴う転勤のない雇用形態での採用となりますので、キャリアを通じて応募頂いたエリアで活躍いただきます。
福利厚生	社会保険／雇用保険、労災保険、健康保険、厚生年金保険 諸制度／住宅財形制度、退職年金制度 諸施設／各種保養施設法人契約

Corporate（24卒では①DX部門、②財務・経理部門、③法務部門で募集）

応募資格	・2024年3月までに、大学・大学院を卒業/修了見込の方 ・2021年3月1日以降大学・大学院を卒業の方で、2023年3月1日現在で正社員、契約社員ではない方

主な業務	事業支援部門： ①DX部門、②財務・経理部門、③法務部門で募集。 業務内容は「職種紹介」や「社員インタビュー」をご覧ください。 ※ 24卒では人事部門や広報部門での募集予定はありません
求める人物像	①「ASV」に共感し、「味の素グループWay」を体現できる方。 ②高い成長意欲を持ち、自ら考え主体的に行動できる方。 ③多くの人を巻き込みながら、大きな困難にもあきらめずに取り組める方。 ④これまでに習得したスキルや資格を活かして働きたい方。 ⑤専門性を活かしながら、将来的に味の素グループを横断し、幅広いフィールドで活躍したい方。
初任給	博士卒／306,000円　修士卒／257,000円 学士卒／245,000円　※2023年6月時点
賞与	年2回（6月、12月）
勤務時間	標準労働時間 7時間15分 本社／8:15～16:30　支社・支店／8:15～16:30 研究所／8:15～16:30　事業所（工場）／8:00～16:15 全事業所フレックスタイム制あり
休日休暇	年間124日固定（閏年の場合は125日）、土曜日、日曜日、祝日、年末年始、創立記念日、5月1日、5月2日、有給休暇初年度17日、有給休暇積立制度、特別休暇（ワークライフバランス休暇、リフレッシュ休暇、ボランティア休暇）、育児休職、看護休職 等
勤務地	本社／東京　研究所・事業所／川崎、四日市、佐賀 海外／アメリカ、フランス、タイ、インドネシア、中国、ブラジルなど30か国・地域　他　国内支社、海外（アメリカ、フランス、タイ、インドネシア、中国、ブラジルなど30か国・地域）など
福利厚生	社会保険／雇用保険、労災保険、健康保険、厚生年金保険 諸制度／住宅財形制度、退職年金制度、借上社宅制度 諸施設／各種保養施設法人契約
備考	Corporate部門で募集を行う領域は年度によって異なりますので、募集内容や主な業務をよくご確認のうえ、エントリーください。なお、記載の条件は初期配属時のものであり、入社後のキャリア開発は、個人の希望や適性などを考慮した上で、会社と一緒に行いたいと考えております。財務経理部門で新卒入社いただいた方は、初期配属でAFS社へ出向となります。

新事業開発

応募資格	・2024年3月までに、大学・大学院を卒業／修了見込の方（文系・理系を問わず） ・2021年3月1日以降大学・大学院を卒業の方で、2022年3月1日現在で正社員、契約社員ではない方
主な業務	主に「0→1」ステージ※1、「1→10」ステージ※2における事業開発と事業運営を担当 または、共創パートナー企業への投資・アライアンスを担当 ※1: アイデア創出、市場・顧客調査、ビジネスモデル構築、事業計画策定、PoC等を通して事業構想をまとめるステージ (Customer Problem Fit, Problem Solution Fitの検証)。 ※2: 事業構想の検証を進め、成長可能な事業に仕立てるステージ (Solution Product Fit, Product Market Fitの確立)。
求める人物像	未来創造にチャレンジしたい人　大募集！
初任給	博士卒／306,000円　修士卒／257,000円 学士卒／245,000円　※2023年6月時点
賞与	年2回 (6月、12月)
勤務時間	標準労働時間 7時間15分 本社／8:15〜16:30　支社・支店／8:15〜16:30 研究所／8:15〜16:30　事業所 (工場) ／8:00〜16:15 全事業所フレックスタイム制あり
休日休暇	年間124日固定 (閏年の場合は125日)、土曜日、日曜日、祝日、年末年始、創立記念日、5月1日、5月2日、有給休暇初年度17日、有給休暇積立制度、特別休暇 (ワークライフバランス休暇、リフレッシュ休暇、ボランティア休暇)、育児休職、看護休職 等
勤務地	本社／東京　研究所・事業所／川崎、四日市、佐賀 支社／東京、大阪、福岡、名古屋、仙台 海外／アメリカ、フランス、タイ、インドネシア、中国、ブラジルなど30か国・地域など
福利厚生	社会保険／雇用保険、労災保険、健康保険、厚生年金保険 諸制度／住宅財形制度、退職年金制度、借上社宅制度 諸施設／各種保養施設法人契約
備考	記載の条件は初期配属時のものであり、入社後のキャリア開発は、個人の希望や適性などを考慮した上で、会社と一緒に行いたいと考えております。

✔ 採用の流れ （出典：東洋経済新報社『就職四季報』）

エントリーの時期	【総】3月〜4月　【技】3月〜3月
採用プロセス	【総】ES提出・Webテスト（3〜4月）→面接（3〜8回，6月）→内々定（6月） 【技】ES提出・研究レポート・Webテスト（3月）→面接（約3回，4月）→内々定（4月）
採用実績数	（下表参照）

	大卒男	大卒女	修士男	修士女
2022年	24 （文：21 理：3）	22 （文：19 理：3）	27 （文：1 理：26）	16 （文：0 理：16）
2023年	22 （文：19 理：3）	23 （文：21 理：2）	43 （文：1 理：42）	29 （文：2 理：27）
2024年	22 （文：19 理：3）	24 （文：21 理：3）	47 （文：0 理：47）	27 （文：1 理：26）

採用実績校	【文系】 （大学）早稲田大学, 慶應義塾大学, 立命館大学, 神戸大学, 大阪大学, 同志社大学, 滋賀大学, 青山学院大学, 日本女子大学　他 【理系】 （大学院）東京工業大学, 慶應義塾大学, 九州大学, 東京大学, 東京理科大学, 東北大学　他

✔2023年の重要ニュース（出典：日本経済新聞）

■味の素、値上げ効果450億円　材料高影響の9割吸収（1/17）

　味の素の2023年3月期の値上げ効果は450億円と前期に比べ280億円ほど増える見通しだ。日本やアジアでの値上げなどが加わり、調味料や肉・野菜などの価格高騰による影響の約9割を補える見通し。

　今期の材料高影響は500億円になる見通しだ。エネルギー価格に加え、アミノ酸生産などに使うアンモニアやカセイソーダなどの副原料価格も上昇している。これを受け、日本やアジアでの22年10月の調味料値上げに加え、23年2月から日本ではさらに冷凍食品を値上げして補う方針だ。

　22年7月からは主要事業ごとに財務人材を1～2人配置し、原燃料がどの程度上昇しているかを最低月1回社長に報告する体制を整備。「費用の見える化を進め、値上げなどの打ち手や先行きの購買環境など状況把握を徹底している」（執行理事でグローバル財務部長の水谷英一氏）

■味の素、植物肉にうま味技術　30年度売上高1000億円へ（5/23）

　食品大手が大豆などのたんぱく質を使う植物肉などの事業を拡大する。味の素は植物肉メーカーにうま味技術を提供する事業を2030年度に売上高1000億円規模に育てる。キユーピーは新ブランドを設けた。健康志向による需要拡大に加え、世界の人口増加に伴い肉や魚などの供給が不足する懸念もある。

　植物肉は大豆などを原料に使い、肉のように加工した食品。大豆の風味や食感を改良する技術が不可欠。味の素の藤江太郎社長は「（植物肉の）味と食感をおいしくする技術は世界でもトップレベルだ」と話し、30年度までに1000億円規模の売上高を目指す方針を明らかにした。M&A（合併・買収）も含めて規模を拡大する考えだ。

　味の素は4月にグリーン事業推進部を新設し、うま味技術の提供を本格化する。調味料や冷凍食品の商品開発の知見を生かし、塩味や酸味、食感の技術を研究。うま味調味料を使って減塩につながるレシピなどを提案してきた。

　こうしたノウハウを生かし、植物肉の風味改善を目指すスタートアップの需要を取り込む。大豆由来の植物肉原料を開発するDAIZ（熊本市）に出資し、協業を進める。

このほかにも、空気中の二酸化炭素（CO2）からたんぱく質をつくる「エアプロテイン」技術などの実用化を目指す。サプリメントやスープなどで、たんぱく質を多く含んだ食品として商品化も検討する。アジアや南米などでの商品展開も視野に入れる。

　まず日本で展開を始め、北米や中国、東南アジアでも順次展開する予定だ。25年に20億円、30年に100億円の売上高を目指す。浜崎伸也取締役は「欧米ではより健康的な食生活を望む価値観から、プラントベース（植物由来）の食品を取り入れる人が増えている」と指摘。植物肉ではスイスのネスレなど海外企業が先行する。「タマゴや調味料はプレーヤーがまだ少ない」とみている。

　不二製油グループ本社も30年度までに植物性食品の年間売上高を1000億円に引き上げる計画を掲げる。子会社の不二製油が大豆ミートや豆乳クリームバターなどの販売を強化し、ツナや卵の代替食品の開発も進めている。

　背景には、世界的なたんぱく質不足への懸念がある。最新の国連の推計によると、世界の人口は50年に約97億人に達する見込みで、たんぱく質が不足する懸念が高まっている。矢野経済研究所によると、植物肉など代替たんぱく質の世界市場は30年に3兆3113億円に達する見通し。21年の6.8倍に拡大する。今後も国内外の食品メーカー間の争いは一段と激しさを増しそうだ。

■味の素、Z世代向けおかゆ発売　自社ECとPLAZAで (8/23)

　味の素は23日、「Z世代」向けに開発したおかゆを自社の電子商取引（EC）サイトや雑貨店「PLAZA（プラザ）」のオンラインストアと一部の店舗で発売すると発表した。2022年6月にテスト販売していた商品が好評で、通年商品として販路を拡大して販売する。

　販売開始するのは「粥粥好日（カユカユコウジツ）」ブランドのおかゆ。台湾の豆乳スープをアレンジした「鹹豆漿粥（シェントウジャンガユ）」と、火鍋をアレンジした「麻辣火鍋粥（マーラーヒナベガユ）」の2品で、テスト販売時よりもコクを増すなど品質を改良した。

　自社ECサイトの「AJI MALL」では23日から販売を始めた。プラザのオンラインストアや一部店舗では9月15日から販売を開始する。AJI MALLでの販売価格は送料別で6食セットが2780円、12食セットが5560円。

　同商品は同社が21年に新設したZ世代向け事業の専任部署が、三井物産が出資するドットミー（東京・千代田）と共同開発した。Z世代の「手軽に栄養も満たせる食事」へのニーズに着目し、製品化した。

✔2022年の重要ニュース (出典：日本経済新聞)

■味の素、うまみ調味料の包材をプラから紙に（1/6）

味の素は6日、家庭用うま味調味料「味の素」と「うま味だし・ハイミー」の袋入り商品の包材をプラスチックから紙素材に切り替えると発表した。プラスチックの廃棄量を2020年度比で年間約12トン削減する。同社は30年度までにプラスチック廃棄物をゼロにする目標を掲げている。

プラスチック包材を採用していた袋入りの「味の素」と「うま味だし・ハイミー」の2ブランド6アイテムが対象で、一部商品を除き3月中旬以降に順次包材を切り替える。同社は1955年から家庭用向けに袋入りの「味の素」を販売しているが、包材を見直すのは初めて。

同社はマヨネーズ商品や甘味料「パルスイート」などもボトル容器の見直しや包材の見直しを進める考え。

■味の素　ヘルスケアベンチャーに出資　新規事業を創出へ（1/10）

味の素はコーポレートベンチャーキャピタル（CVC）を通じ、ヘルスケア事業などを手がける、おいしい健康（東京・中央）に出資した。同社が持つ生活習慣病患者向けのレシピ開発などの知見に、味の素が持つ調味料やサプリの技術を組み合わせて健康課題の改善につながるレシピ提案などの新サービスを検討する。

味の素は2020年12月に新興企業との連携による新規事業の創出をめざしCVCを立ち上げた。21年に有機野菜販売を手掛ける坂ノ途中（京都市）に出資しており、今回がCVCとして2件目の出資となる。おいしい健康社への出資額などは明らかにしていない。

おいしい健康社は糖尿病や高血圧性疾患など50以上の疾患に合わせ、管理栄養士監修のレシピを開発しているほか、人工知能（AI）によるレシピ提案アプリも提供している。味の素は調味料に加え、血中のアミノ酸バランスを基に生活習慣病などのリスクを判定する事業を展開している。今後は個人の健康状況に合わせた食事の提案といった新サービスを開発する考えだ。

■味の素、バーチャル株主総会を可能に　定款を変更へ（5/18）

味の素は18日、インターネットを通じた「バーチャル株主総会」を開けるようにするため、定款を変更すると発表した。6月23日に開く株主総会で議案を

諮る。感染症拡大時などでも総会を開けるようにする。

　株主総会は従来、物理的な会場が必要とされてきた。新型コロナウイルスの感染拡大を受け、昨年6月に施行された改正産業競争力強化法で、物理的な会場を設けずにオンラインだけで株主総会を開けるようになった。

■味の素の４～６月、純利益26％増　半導体材料けん引（7/29）

　味の素が29日発表した2022年4～6月期連結決算（国際会計基準）は、純利益が前年同期比26％増の277億円だった。半導体用電子材料の好調や円安に加え、前年同期に計上した欧州の飼料用アミノ酸事業の売却関連費用がなくなったことも利益を押し上げた。

　売上高は16％増の3216億円、事業利益は4％増の405億円だった。原材料高の影響はあったものの、利益率の高い半導体電子材料の販売増や調味料や冷凍食品などの値上げが寄与した。医薬や食品用のアミノ酸の販売も好調だった。

　23年3月期通期の業績予想は据え置いた。売上高は前期比14％増の1兆3100億円、純利益は2％増の770億円を見込む。

■「味の素」を再値上げ　23年1月から２～9％（10/3）

　味の素は3日、家庭用のうま味調味料「味の素」など計14品種を2023年1月1日納品分から値上げすると発表した。うま味調味料など7品種は約2～9％、「アミノバイタル」など7品種は約4～16％、それぞれ出荷価格を引き上げる。「味の素」は22年6月以来の再値上げとなる。

　「味の素　50グラム」は、店頭想定価格が税込み192円前後から205円前後になる。「アミノバイタル」ゼリードリンクは、同205円前後から216円前後になる。原油高によって包材や物流費が上昇しており、価格に反映する。

　同日、業務用製品も23年1月1日納品分から値上げすると発表した。対象はうま味調味料6品種、ドレッシング類31品種、サラダ製品20品種の計57品種。業務用全体で約3～16％出荷価格を引き上げる。ドレッシング類・サラダ製品は22年3月以来、うま味調味料は6月以来の再値上げとなる。

✔2021年の重要ニュース _(出典：日本経済新聞)

■味の素 AGF、QR コードで BGM が流れるコーヒー発売（1/6）

味の素 AGF は 6 日、新製品発表会を開いた。品田英明社長が登壇し、新型コロナウイルスのコーヒー市場への影響や消費者の需要変化を受けた商品開発などを語った。外出自粛で業務用が苦戦しており、新常態に対応した家庭用商品に力を入れる。外出機会の減少は業務用コーヒー市場の縮小につながり、味の素 AGF によれば 2020 年の国内のコーヒー消費量は前年比で約 5% 減ったもようだという。

同社は 2 月 24 日にコロナ下での働き方を意識した「AGF　ワークデザインコーヒー」シリーズを電子商取引（EC）限定で発売する。甘い香りでリラックスしたい時に飲む商品やすっきりした風味で集中力を持続させたい時に飲む商品など、仕事のシーンごとに 3 種類を用意した。パッケージに記載された QR コードを読み取り、働く場所や仕事の種類などを選ぶと作業用の BGM が流れる。

「AGF　ワークデザインコーヒー　ドリップコーヒー　いきぬき」（30 袋入り）の想定価格は税別 1710 円。「インスタントコーヒー　あいま」（50 本入り）は同 920 円、「インスタントコーヒー　ながら」（30 本入り）は同 1110 円だ。EC ビジネス部商品開発グループの山本倫子グループ長は「しっかり休憩をとる時にはコーヒーをいれるひとときも癒やしになるが、ながら飲みでは業務への集中を切らさないように、手間をかけずにすぐに作れることが必要だ」と話している。

同日には 1 リットルの水に溶かして飲むパウダータイプの「ブレンディ　ザリットル」シリーズも出す。リテールビジネス部の古賀大三郎部長は「コロナ下で買い物の頻度を減らす人が増え、ペットボトルは重くてかさばるのでたくさん買えないという声も多い」と話す。こんな要望に応える。

冷たい水にも素早く溶けるパウダータイプのため小型で軽量だ。5 種類をそろえ、想定価格は緑茶とウーロン茶が 6 本入りで税別 480 円。コーヒーとルイボスティー、ジャスミン茶が同 600 円。

トラックの積載スペースをペットボトルに比べて 91% 削減して輸送効率を向上し、個包装の一部には紙素材を使用してプラスチックの使用量を減らしている。

■味の素、洋食ソースで本格ビストロの味（2/3）

味の素は 3 日、2021 年の春季新商品説明会を開いた。洋食メニュー用のソースの新シリーズなど、リニューアル品を含め 42 品を今春に発売する。新型コロ

ナウイルス禍で外食を自粛する一方で、飲食店で食べられるような本格的な洋食へのニーズは高いとみて巣ごもり消費を取り込みたい考えだ。

洋風メニュー用のソース「Bistro Do（ビストロ　ドゥ）」を20日から販売する。具材にソースを絡めて炒めるだけで本格的な洋風料理を作れる。「なすのボローニャ風炒め煮用」「鶏のブラウンソース煮込み用」「鶏のトマトクリーム炒め煮用」「豚のアンチョビガーリック炒め用」の4種を発売する。オープン価格だが、258〜298円程度を想定しているという。21年度に4品で10億円の売り上げを見込む。

同社はこれまで中華の「Cook Do」、韓国料理の「Cook Do コリア！」、和食の「Cook Do　きょうの大皿」と料理用ソースの商品展開を広げてきた。新たに洋食用のソースを加えて自宅で調理をする内食需要を狙う。

■味の素、容器を再利用できる調味料発売　8月、ネットで（7/5）

味の素は5日、容器を再利用できる調味料を発売すると発表した。8月から、インターネット通販を通じて販売する。環境に配慮した商品の品ぞろえを拡充することで、環境意識の高い消費者のニーズに応える。

米テラサイクルが運営する循環システム「Loop（ループ）」の仕組みを活用する。ループは廃棄物の再利用のため、各社が使っているプラスチック容器の代わりに、金属やガラスなど耐久性が高く再利用可能な容器に内容物を入れる。

消費者が店舗や専用サイトで商品を注文すると、専用容器に入った商品が届く。使い終わった容器は配達員が回収する。それを洗浄し、再び使う仕組みだ。

味の素は「味の素コンソメ」と「ほんだし」、「丸鶏がらスープ」の3商品を対象に、専用商品を販売する。価格はそれぞれ486円。まずはループがサービス展開している東京都や神奈川県など首都圏の1都3県の5000世帯を対象にサービスを予定する。

ループは欧米で大手のメーカーや小売企業との連携が進んでいる。日本のメーカーも二十数社が賛同しており、活用の動きが広がっている。キッコーマンも5日、ループの通販サイトで再利用できる容器を使ったしょうゆやトマトジュースの販売を8月末から始めると発表している。

✔ 就活生情報

自分は本当にその業界がいいのか，なぜその会社が
いいのかをよく考えるべき。

総合職 2020卒

エントリーシート
・形式：サイトからダウンロードした用紙に手で記入
・学生時代に最も力を入れたこと，入社してからやりたいこと，志望動機，
・自分の長所と入社してから活かせる分野，職種

セミナー
・選考とは無関係
・服装：リクルートスーツ
・内容：業界の説明，企業説明，若手社員との懇談会，エントリーシートの注
　意事項

筆記試験
・形式：Web テスト / マークシート
・課目：英語 / 数学，算数 / 論作文 / 性格テスト / 一般教養・知識
・内容：SPI3

面接（個人・集団）
・回数：3回
・内容：志望動機，なぜこの業界か，学生時代に力を入れたこと，会社の
・課題や問題点とあなたならどう対処するか，趣味

内定
・通知方法：電話

● その他受験者からのアドバイス
・自分のことについて幼少期から振り返り，どんなことを考え，どんな行
・動をしていたのかを深く考え直すことが内定への近道。振り返ってみる
・と，この会社ではわからないことはわからないと正直に答えたことが大
・事だと感じた。

技術系（グローバル型）2019卒

エントリーシート
・提出方法は，マイページ上で
・質問内容は，研究テーマにおけるキーワードを３つ，あなたの研究テーマにおいて，必要な学問またはスキルを具体的に３つ，当社に入社して，
・あなたが，実現したいこと　等

セミナー
・内容は，会社説明会，各フィールドの個別説明会
・会社説明会は簡単に終えて，その後のフィールド別の説明会に多くの時間を割いてもらったので，会社のことをしっかり知ることができた。

筆記試験
・WEB テスト
・形式 TG-WEB
・言語，非言語
・制限時間30 分くらいで20 問ずつ

面接（個人・集団）
・はじめに研究内容を簡単に３分程度発表する。その後，研究内容や研究手法について質問される。研究に取り組む姿勢なども聞かれた。また，ESに記述した学生時代に頑張ったことや志望動機などをもう一度聞かれ，深堀される。

内定
・通知方法は，電話

総合職 2018卒

エントリーシート
・あなたの「忘れられない味」は
・その理由は何ですか
・形式は，履歴書のみ

セミナー
・選考との関係は，無関係だった
・服装は，リクルートスーツ
・内容は，業界説明，企業紹介，部門の説明

筆記試験
・選考との関係は，無関係だった
・服装は，リクルートスーツ
・内容は，業界説明，企業紹介，部門の説明

面接（個人・集団）
・雰囲気は，和やか
・質問内容は，あなたが学生時代に学んできたことで味の素で生かせることは？
・回数は，2回

内定
・拘束や指示は，返事は一日以内にしなければいけなかった
・通知方法は，電話
・タイミングは，予定より早かった

会社との相性や，業界への向き不向きはあると思います。同業他社や他業種も受けることで，見極めることができるかもしれません。

技術系Lコース 2017卒

エントリーシート
・内容は，志望分野，趣味，特技，得意科目，最近読んだ書籍，学生時代に力を入れて取り組んだことなど
・形式は，採用ホームページから記入

セミナー
・選考との関係は，無関係だった

筆記試験
・形式は，Webテスト
・課目は，数学，算数／国語，漢字／性格テスト
・内容は，TG-WEB（旧版）

面接（個人・集団）
・雰囲気は，和やか
・質問内容は，ESの深堀りがメインで，変なことは聞かれない。
・回数は，2回

内定
・通知方法は，電話

● その他受験者からのアドバイス
・面接では全くうまく話せなかったが，しっかりと評価してもらえたこと
・毎回，自社製品のお土産をくれた

他の人のことや世間体は気にせず，どのような道に進みたいのか，就職活動を通じてそれを見つけ出して下さい。

事務系Ｌコース 2017卒

エントリーシート
・形式は，採用ホームページから記入

セミナー
・選考との関係は，無関係だった

筆記試験
・形式は，Webテスト
・課目は，数学，算数／国語，漢字／性格テスト

面接（個人・集団）
・雰囲気は，和やか
・質問は，内容はエントリーシートに沿ったものが多い
・回数は，4回

内定
・拘束や指示は，他の内定先と迷ったりしてると，待ってもらえます。
・通知方法は，電話
・タイミングは，予定通り

● その他受験者からのアドバイス
・面接の結果連絡が翌日までには来たのでありがたかった。
・社員の方の対応が丁寧だった。

技術系の場合，研究内容を簡潔に分かりやすく伝え，その研究をどのように活かせるかを伝えられるかが決め手だと思う。

技術系工学分野 2016卒

エントリーシート

・Web で記入して送信する形式（ホームページから）。
・内容は「研究テーマの概要」「学生時代に最も力を入れて取り組んだこと」「リーダータイプとチームを支えるタイプのどちらか，自身をひとことで表現」「エントリーした理由」「入社して実現したいこと」「忘れられない味は何か」など。

セミナー

・選考とは無関係だった。服装はリクルートスーツ着用。
・内容は「技術分野の紹介」「技術系社員との座談会」など。

筆記試験

・形式はWebテスト。
・課目は，数学，国語，性格テストなど。

面接（個人・集団）

・回数は2回だった。
・内容は「研究内容について」「食品業界について」「志望動機」「入社してやりたいこと」「長所・短所」など。

内定

・通知方法は電話だった。

✔ 有価証券報告書の読み方

01 部分的に読み解くことからスタートしよう

　「有価証券報告書（以下，有報）」という名前を聞いたことがある人も少なくはないだろう。しかし，実際に中身を見たことがある人は決して多くはないのではないだろうか。有報とは上場企業が年に１度作成する，企業内容に関する開示資料のことをいう。開示項目には決算情報や事業内容について，従業員の状況等について記載されており，誰でも自由に見ることができる。

　一般的に有報は，証券会社や銀行の職員，または投資家などがこれを読み込み，その後の戦略を立てるのに活用しているイメージだろう。その認識は間違いではないが，だからといって就活に役に立たないというわけではない。就活を有利に進める上で，お得な情報がふんだんに含まれているのだ。ではどの部分が役に立つのか，実際に解説していく。

■**有価証券報告書の開示内容**
　では実際に，有報の開示内容を見てみよう。

有価証券報告書の開示内容

第一部【企業情報】
　　第1　【企業の概況】
　　第2　【事業の状況】
　　第3　【設備の状況】
　　第4　【提出会社の状況】
　　第5　【経理の状況】
　　第6　【提出会社の株式事務の概要】
　　第7　【提出会社の状参考情報】
第二部【提出会社の保証会社等の情報】
　　第1　【保証会社情報】
　　第2　【保証会社以外の会社の情報】
　　第3　【指数等の情報】

有報は記載項目が統一されているため，どの会社に関しても同じ内容で書かれている。このうち就活において必要な情報が記載されているのは，第一部の第1【企業の概況】～第5【経理の状況】まで，それ以降は無視してしまってかまわない。

02 企業の概況の注目ポイント

第1【企業の概況】には役立つ情報が満載。そんな中，最初に注目したいのが，冒頭に記載されている【主要な経営指標等の推移】の表だ。

回次		第25期	第26期	第27期	第28期	第29期
決算年月		平成24年3月	平成25年3月	平成26年3月	平成27年3月	平成28年3月
営業収益	(百万円)	2,532,173	2,671,822	2,702,916	2,756,165	2,867,199
経常利益	(百万円)	272,182	317,487	332,518	361,977	428,902
親会社株主に帰属する当期純利益	(百万円)	108,737	175,384	199,939	180,397	245,309
包括利益	(百万円)	109,304	197,739	214,632	229,292	217,419
純資産額	(百万円)	1,890,633	2,048,192	2,199,357	2,304,976	2,462,537
総資産額	(百万円)	7,060,409	7,223,204	7,428,303	7,605,690	7,789,762
1株当たり純資産額	(円)	4,738.51	5,135.76	5,529.40	5,818.19	6,232.40
1株当たり当期純利益	(円)	274.89	443.70	506.77	458.95	625.82
潜在株式調整後1株当たり当期純利益	(円)	—	—	—	—	—
自己資本比率	(%)	26.5	28.1	29.4	30.1	31.4
自己資本利益率	(%)	5.9	9.0	9.5	8.1	10.4
株価収益率	(倍)	19.0	17.4	15.0	21.0	15.5
営業活動によるキャッシュ・フロー	(百万円)	558,650	588,529	562,763	622,762	673,109
投資活動によるキャッシュ・フロー	(百万円)	△370,684	△465,951	△474,697	△476,844	△499,575
財務活動によるキャッシュ・フロー	(百万円)	△152,428	△101,151	△91,367	△86,636	△110,265
現金及び現金同等物の期末残高	(百万円)	167,525	189,262	186,057	245,170	307,809
従業員数 [ほか，臨時従業員数]	(人)	71,729 [27,746]	73,017 [27,312]	73,551 [27,736]	73,329 [27,313]	73,053 [26,147]

見慣れない単語が続くが，そう難しく考える必要はない。特に注意してほしいのが，**営業収益**，**経常利益**の二つ。営業収益とはいわゆる**総売上額**のことであり，これが企業の本業を指す。その営業収益から営業費用（営業費（販売費＋一般管理費）＋売上原価）を差し引いたものが**営業利益**となる。会社の業種はなんであれ，モノを顧客に販売した合計値が営業収益であり，その営業収益から人件費や家賃，広告宣伝費などを差し引いたものが営業利益と覚えておこう。対して経常利益は営業利益から本業以外の損益を差し引いたもの。いわゆる金利による収益や不動産収入などがこれにあたり，本業以外でその会社がどの程度の力をもっているかをはかる絶好の指標となる。

■会社のアウトラインを知れる情報が続く。

　この主要な経営指標の推移の表につづいて,「会社の沿革」,「事業の内容」,「関係会社の状況」「従業員の状況」などが記載されている。自分が試験を受ける企業のことを,より深く知っておくにこしたことはない。会社がどのように発展してきたのか,主としている事業はどのようなものがあるのか,従業員数や平均年齢はどれくらいなのか,志望動機などを作成する際に役立ててほしい。

03 事業の状況の注目ポイント

　第2となる【事業の状況】において,最重要となるのは**業績等の概要**といえる。ここでは1年間における収益の増減の理由が文章で記載されている。「○○という商品が好調に推移したため,売上高は△△になりました」といった情報が,比較的易しい文章で書かれている。もちろん,損失が出た場合に関しても包み隠さず記載してあるので,その会社の1年間の動向を知るための格好の資料となる。

　また,業績については各事業ごとに細かく別れて記載してある。例えば鉄道会社ならば,①運輸業,②駅スペース活用事業,③ショッピング・オフィス事業,④その他といった具合だ。**どのサービス・商品がどの程度の売上を出したのか**,会社の持つ展望として,今後**どの事業をより活性化**していくつもりなのか,などを意識しながら読み進めるとよいだろう。

■「対処すべき課題」と「事業等のリスク」

　業績等の概要と同様に重要となるのが,**「対処すべき課題」**と**「事業等のリスク」**の2項目といえる。ここで読み解きたいのは,その会社の**今後の伸びしろ**について。いま,会社はどのような状況にあって,どのような課題を抱えているのか。また,その課題に対して取られている対策の具体的な内容などから経営方針などを読み解くことができる。リスクに関しては法改正や安全面,他の企業の参入状況など,会社にとって決してプラスとは言えない情報もつつみ隠さず記載してある。客観的にその会社を再評価する意味でも,ぜひ目を通していただきたい。

　次代を担う就活生にとって,ここの情報はアピールポイントとして組み立てやすい。「新事業の○○の発展に際して……」,「御社が抱える●●というリスクに対して……」などという発言を面接時にできれば,面接官の心証も変わってくるはずだ。

　最後に注目したいのが，第5【経理の状況】だ。ここでは，簡単にいえば【主要な経営指標等の推移】の表をより細分化した表が多く記載されている。ここの情報をすべて理解するのは，簿記の知識がないと難しい。しかし，そういった知識があまりなくても，読み解ける情報は数多くある。例えば**損益計算書**などがそれに当たる。

連結損益計算書

(単位：百万円)

	前連結会計年度 (自 平成26年4月1日 至 平成27年3月31日)	当連結会計年度 (自 平成27年4月1日 至 平成28年3月31日)
営業収益	2,756,165	2,867,199
営業費		
運輸業等営業費及び売上原価	1,806,181	1,841,025
販売費及び一般管理費	※1 522,462	※1 538,352
営業費合計	2,328,643	2,379,378
営業利益	427,521	487,821
営業外収益		
受取利息	152	214
受取配当金	3,602	3,703
物品売却益	1,438	998
受取保険金及び配当金	8,203	10,067
持分法による投資利益	3,134	2,565
雑収入	4,326	4,067
営業外収益合計	20,858	21,616
営業外費用		
支払利息	81,961	76,332
物品売却損	350	294
雑支出	4,090	3,908
営業外費用合計	86,403	80,535
経常利益	361,977	428,902
特別利益		
固定資産売却益	※4 1,211	※4 838
工事負担金等受入額	※5 59,205	※5 24,487
投資有価証券売却益	1,269	4,473
その他	5,016	6,921
特別利益合計	66,703	36,721
特別損失		
固定資産売却損	※6 2,088	※6 1,102
固定資産除却損	※7 3,957	※7 5,105
工事負担金等圧縮額	※8 54,253	※8 18,346
減損損失	※9 12,738	※9 12,297
耐震補強重点対策関連費用	8,906	10,288
災害損失引当金繰入額	1,306	25,085
その他	30,128	8,537
特別損失合計	113,379	80,763
税金等調整前当期純利益	315,300	384,860
法人税、住民税及び事業税	107,540	128,972
法人税等調整額	26,202	9,326
法人税等合計	133,742	138,298
当期純利益	181,558	246,561
非支配株主に帰属する当期純利益	1,160	1,251
親会社株主に帰属する当期純利益	180,397	245,309

　主要な経営指標等の推移で記載されていた**経常利益**の算出する上で必要な営業外収益などについて，詳細に記載されているので，一度目を通しておこう。
　いよいよ次ページからは実際の有報が記載されている。ここで得た情報をもとに有報を確実に読み解き，就職活動を有利に進めよう。

✔ 有価証券報告書

■ 企業情報

1 主要な経営指標等の推移

（1） 連結経営指標等 ···

回次		国際会計基準				
		第141期	第142期	第143期	第144期	第145期
決算年月		2019年3月	2020年3月	2021年3月	2022年3月	2023年3月
売上高	（百万円）	1,114,308	1,100,039	1,071,453	1,149,370	1,359,115
事業利益	（百万円）	93,237	99,236	113,136	120,915	135,341
税引前当期利益	（百万円）	54,698	48,795	98,320	122,472	140,033
親会社の所有者に帰属する当期利益	（百万円）	29,698	18,837	59,416	75,725	94,065
当期包括利益	（百万円）	36,259	△17,604	117,762	143,398	149,036
資本合計	（百万円）	685,960	592,070	667,846	739,744	822,968
資産合計	（百万円）	1,393,869	1,353,616	1,431,289	1,457,060	1,511,734
1株当たり親会社所有者帰属持分	（円）	1,113.93	983.19	1,130.82	1,280.50	1,452.24
基本的1株当たり当期利益	（円）	53.62	34.37	108.36	139.42	175.97
希薄化後1株当たり当期利益	（円）	－	34.35	108.32	139.42	175.96
親会社所有者帰属持分比率	（%）	43.8	39.8	43.3	47.1	50.8
親会社所有者帰属持分当期利益率	（%）	4.7	3.3	10.3	11.6	12.9
株価収益率	（倍）	33.0	58.5	20.9	24.9	26.2
営業活動によるキャッシュ・フロー	（百万円）	123,256	114,856	165,650	145,576	117,640
投資活動によるキャッシュ・フロー	（百万円）	△72,923	△66,651	△66,247	△61,567	△30,087
財務活動によるキャッシュ・フロー	（百万円）	△78,923	△52,306	△60,387	△123,055	△111,061
現金及び現金同等物の期末残高	（百万円）	153,725	141,701	181,609	151,454	132,777
従業員数 （外、平均臨時雇用者数）	（名）	34,504 (9,682)	32,509 (9,019)	33,461 (9,074)	34,198 (8,749)	34,615 (8,703)

（注）1. 国際会計基準（以下、「IFRS」という。）に基づいて連結財務諸表を作成しております。

（注）2. 百万円未満を切り捨てて記載しております。

ⓟ 主要な経営指標等の推移

　　数年分の経営指標の推移がコンパクトにまとめられている。見るべき箇所は連結の売上，利益，株主資本比率の3つ。売上と利益は順調に右肩上がりに伸びているか，逆に利益で赤字が続いていたりしないかをチェックする。株主資本比率が高いとリーマンショックなど景気が悪化したときなどでも経営が傾かないという安心感がある。

(注) 3. 当社グループは，IFRSの適用に当たり，投資家，取締役会及び経営会議が各事業の恒常的な業績や将来の見通しを把握すること，取締役会及び経営会議が継続的に事業ポートフォリオを評価することを目的として，「事業利益」という段階利益を導入しております。当該「事業利益」は，「売上高」から「売上原価」，「販売費」，「研究開発費」及び「一般管理費」を控除し，「持分法による損益」を加えたものであり，「その他の営業収益」及び「その他の営業費用」を含まない段階利益です。

(注) 4. 第141期より，物流事業を非継続事業に分類しております。当社は2019年4月1日にF-LINE株式会社（旧味の素物流株式会社）に対する支配を喪失し，第142期よりF-LINE株式会社は当社の持分法適用関連会社となりました。第142期において，支配の喪失に係る損益は非継続事業に含め，持分法による損益は継続事業に含めております。

(注) 5. 第142期より，包材事業を非継続事業に分類しております。これに伴い，第141期の関連する各数値については，非継続事業をのぞいた継続事業の金額を表示しております。

(注) 6. 第141期において，希薄化後1株当たり当期利益については，希薄化効果を有している潜在株式が存在しないため記載しておりません。

---

point うま味や風味に日本人が共感

　国内の「うま味」マーケットは，1955年から1965年にかけて7倍に急成長した。この要因は，日本が「魚醤・塩辛」文化圏に属しており「うま味」に対する感応度が高かったためだ。また1970年代からの食生活変化（加工食品の利用拡大，外食の増加など）に合わせて，「ほんだし」を中心とする「風味調味料」が急速に拡大していった。

(2) 提出会社の経営指標等 ·····································

回次		第141期	第142期	第143期	第144期	第145期
決算年月		2019年3月	2020年3月	2021年3月	2022年3月	2023年3月
売上高	（百万円）	261,372	261,582	250,350	271,542	294,270
経常利益	（百万円）	36,631	36,573	36,253	83,439	101,081
当期純利益	（百万円）	23,849	8,491	37,622	89,168	107,249
資本金	（百万円）	79,863	79,863	79,863	79,863	79,863
発行済株式総数	（株）	549,163,354	549,163,354	549,163,354	536,996,254	529,798,154
純資産	（百万円）	328,221	300,210	323,918	347,229	393,157
総資産	（百万円）	978,882	975,844	984,374	961,002	973,935
1株当たり純資産	（円）	598.84	547.64	590.55	647.29	742.78
1株当たり配当額 （内1株当たり中間配当額）	（円）	32.00 (16.00)	32.00 (16.00)	42.00 (16.00)	52.00 (24.00)	68.00 (31.00)
1株当たり当期純利益	（円）	43.06	15.49	68.61	164.18	200.64
潜在株式調整後1株当たり 当期純利益	（円）	－	15.48	68.59	164.17	200.62
自己資本比率	（％）	33.5	30.8	32.9	36.1	40.4
自己資本利益率	（％）	6.9	2.7	12.1	26.6	29.0
株価収益率	（倍）	41.1	129.8	33.0	21.2	23.0
配当性向	（％）	74.3	206.6	61.2	31.7	33.9
従業員数 （外、平均臨時雇用者数）	（名）	3,494 (421)	3,401 (201)	3,184 (213)	3,252 (222)	3,335 (221)
株主総利回り （比較指標：配当込み TOPIX）	（％） （％）	93.6 (95.0)	107.8 (85.9)	123.2 (122.1)	188.7 (124.6)	251.0 (131.8)
最高株価	（円）	2,188.00	2,088.00	2,527.50	3,656.00	4,634.00
最低株価	（円）	1,624.50	1,626.00	1,694.00	2,135.00	2,879.00

（注）1. 第141期において，潜在株式調整後1株当たり当期純利益については，希薄化効果を有している潜在株式が存在しないため記載しておりません。

（注）2. 最高株価及び最低株価は，2022年4月3日以前は東京証券取引所市場第一部におけるものであり，2022年4月4日以降は東京証券取引所プライム市場におけるものであります。

（注）3. 「収益認識に関する会計基準」（企業会計基準第29号　2020年3月31日）等を第144期の期首から適用しており，第144期以降に係る主要な経営指標等については，当該会計基準等を適用した後の指標等となっております。

⟨point⟩ **沿革**

どのように創業したかという経緯から現在までの会社の歴史を年表で知ることができる。過去に行った重要なM＆Aなどがいつ行われたのか，ブランド名はいつから使われているのか，いつ頃から海外進出を始めたのか，など確認することができて便利だ。

2 沿革

年月	概　要
1907年5月	・合資会社鈴木製薬所設立。
1908年7月	・池田菊苗博士が調味料グルタミン酸ソーダの製造法特許取得。同年9月鈴木 　三郎助（二代）がその商品化を引受。
1909年5月	・うま味調味料「味の素®」一般販売開始。
1912年4月	・鈴木個人の事業として営んでいた「味の素®」の事業を合資会社鈴木製薬所が 　継承し，同時に同社は合資会社鈴木商店に商号変更。
1914年9月	・川崎工場完成，操業開始（現 川崎事業所）。
1917年6月	・（株）鈴木商店を設立し，これに合資会社鈴木商店の営業の一切を譲渡し，合 　資会社鈴木商店は目的を「有価証券及び不動産の取得売買」と変更。
1925年12月	・（株）鈴木商店を新設し，これにそれまでの合資会社鈴木商店及び（株）鈴木 　商店の営業の一切を譲渡し，両社とも解散（現 味の素（株）設立）。
1932年10月	・味の素本舗株式会社鈴木商店に商号変更。
1935年3月	・宝製油（株）を設立。油脂事業に着手。
1940年12月	・鈴木食料工業（株）に商号変更。
1943年5月	・大日本化学工業（株）に商号変更。
12月	・佐賀県に佐賀工場を設置（現 九州事業所）。
1944年5月	・宝製油（株）を合併。
1946年2月	・味の素（株）に商号変更。
1949年5月	・株式上場。
1956年1月	・必須アミノ酸（輸液用）発売。アミノ酸事業に着手。
7月	・ニューヨーク味の素社を設立（現 味の素ヘルス・アンド・ニュートリション・ 　ノースアメリカ社）。
12月	・神奈川県に中央研究所を設置。
1958年5月	・ユニオンケミカルズ社を設立（現 フィリピン味の素社）。
1960年4月	・タイ味の素社を設立。
1961年3月	・三重県に四日市工場を設置（現 東海事業所）。
7月	・マラヤ味の素社を設立（現 マレーシア味の素社）。
1963年3月	・米国のコーンプロダクツ社（現 コノプコ社）と提携（合弁会社クノール食品（株） 　発足）。
1967年10月	・本社に化成品部を設置。化成品事業に本格着手。
1968年2月	・ペルー味の素社を設立。
1969年7月	・インドネシア味の素社を設立。
1970年11月	・「ほんだし®」発売。

(point) 薬と勘違いされて商品名を変更

　1908年に東京帝国大学理科大学の池田菊苗博士が昆布のうま味成分がグルタミン酸であることを発見した。明治42年に「旨みのある塩」として製造が開始したが，商品名が「味精」で鈴木製薬所が販売したため，消費者は薬と誤解し売れ行きは芳しくなかった。誤解や間違いを解くために，「味精」という名称を「味の素」に変えた。

12月	・味の素レストラン食品（株）を設立（現 味の素冷凍食品（株））。冷凍食品事業に着手。
1973年8月	・米国のゼネラルフーヅ社と提携（合弁会社 現 味の素AGF（株）発足）。
1974年12月	・味の素インテルアメリカーナ社を設立（現 ブラジル味の素社）。
1981年9月	・「エレンタール®」発売。医薬品事業に着手。
1982年5月	・アスパルテーム輸出開始。甘味料事業に着手。
1987年6月	・クノール食品（株）を子会社とする。
1989年9月	・ベルギーの化学会社オムニケム社（現 味の素オムニケム社）の全株式を取得。
1996年12月	・味の素（中国）社を設立。
2000年10月	・冷凍食品事業を分社化し，味の素冷凍食品（株）に統合。
2001年4月	・油脂事業を分社化し，味の素製油（株）に統合（現（株）J-オイルミルズ）。
2003年2月	・日本酸素（株）から味の素冷凍食品（株）が（株）フレックの全株式を取得。2003年4月に味の素冷凍食品（株）は（株）フレックを合併。
7月	・アミラム・フランス社保有のうま味調味料の生産・販売会社であるオルサン社（現 欧州味の素食品社）の全株式を取得。
2007年2月	・ヤマキ（株）の株式を一部取得し，資本・業務提携。
2011年11月	・味の素アニマル・ニュートリション・グループ（株）（2011年9月設立）に飼料用アミノ酸事業運営を移管。
2013年4月	・米国のバイオ医薬品の開発・製造受託会社であるアルテア・テクノロジーズ社（現 味の素アルテア社）の全株式を取得。
2014年11月	・味の素ノースアメリカ社（現 味の素北米ホールディングス社）が米国の冷凍食品の製造・販売会社であるウィンザー・クオリティ・ホールディングス社の全持分を取得。
2015年4月	・アメリカ味の素冷凍食品社がウィンザー・クオリティ・ホールディングス社を吸収合併し，味の素ウィンザー社に商号変更（現 味の素フーズ・ノースアメリカ社）。
4月	・味の素ゼネラルフーヅ（株）（現 味の素AGF（株））を子会社とする。
2016年4月	・医薬事業を行う味の素製薬（株）が，エーザイ（株）の消化器疾患領域に関する事業の一部を吸収分割により承継したことにより，当社の持分法適用会社となり，EAファーマ（株）に商号変更。
11月	・アフリカ諸国で事業展開する大手加工食品メーカーであるプロマシドール・ホールディングス社の株式33.33％を取得し，同社を持分法適用会社とする。
2019年4月	・川崎事業所・東海事業所の一部及び味の素パッケージング（株）の生産体制をクノール食品（株）に集約・再編し，同社の商号を味の素食品（株）に変更。
2021年7月	・味の素アニマル・ニュートリション・グループ（株）を合併。

(point) **事業の内容**

　会社の事業がどのようにセグメント分けされているか，そして各セグメントではどのようなビジネスを行っているかなどの説明がある。また最後に事業の系統図が載せてあり，本社，取引先，国内外子会社の製品・サービスや部品の流れが分かる。ただセグメントが多いコングロマリットをすぐに理解するのは簡単ではない。

　当社グループは，当社，連結子会社110社及び持分法適用会社14社より構成され，調味料，栄養・加工食品，ソリューション＆イングリディエンツ，冷凍食品，医薬用・食品用アミノ酸，バイオファーマサービス（CDMO），ファンクショナルマテリアルズ（電子材料等），更にその他の事業活動を行っております。

　当社グループの当該事業における位置づけは次のとおりです（☆印は持分法適用会社）。

報告セグメント	製品区分	主要な会社
調味料・食品	調味料	味の素食品㈱ 味の素AGF㈱ タイ味の素社 タイ味の素販売社 ワンタイフーヅ社 インドネシア味の素社 インドネシア味の素販売社
	栄養・加工食品	アジネックス・インターナショナル社 ベトナム味の素社 フィリピン味の素社 マレーシア味の素社 ナイジェリア味の素食品社 ブラジル味の素社 ペルー味の素社 ☆プロマシドール・ホールディングス社
	ソリューション＆イングリディエンツ	欧州味の素食品社 味の素ベーカリー㈱ デリカエース㈱ ☆ヤマキ㈱
冷凍食品	冷凍食品	味の素冷凍食品㈱ 味の素フーズ・ノースアメリカ社
ヘルスケア等	医薬用・食品用アミノ酸	味の素ヘルシーサプライ㈱ 味の素ヘルス・アンド・ニュートリション・ノースアメリカ社 上海味の素アミノ酸社
	バイオファーマサービス（CDMO）	味の素オムニケム社 味の素アルテア社
	ファンクショナルマテリアルズ（電子材料等）	味の素ファインテクノ㈱
	その他	味の素ダイレクト㈱
その他	製造受託	☆EAファーマ㈱
	油脂	☆㈱J-オイルミルズ　（注）
	物流	☆F-LINE㈱
	サービス他	味の素エンジニアリング㈱ ㈱味の素コミュニケーションズ ☆NRIシステムテクノ社

（注）　当社グループの中で，国内の証券市場に上場している会社は次のとおりです。
　　　　東証プライム市場（提出日現在）：（株）J-オイルミルズ

(point) うま味調味料で高いシェアを獲得

　海外食品事業で展開する加工用うま味調味料のうち，MSG（グルタミン酸ナトリウム）でのシェアは25％，核酸のシェアは40％になっている。MSGの主な競合企業は，味丹，CJ，大象など，核酸ではCJ，大象，キリン協和フーズ，星湖などが挙げられる。

なお，事業系統図は次のとおりです（☆印は持分法適用会社）。

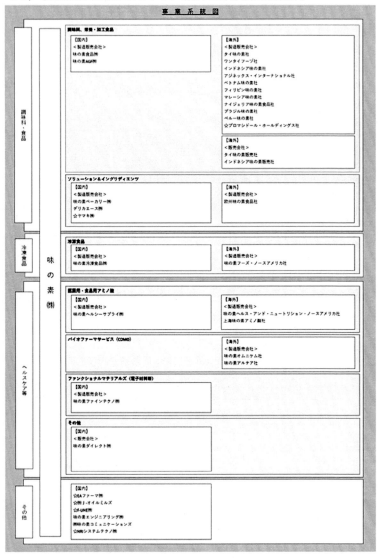

point 海外事業の拡大要因は人的資源

　味の素の海外比率は，売上，営業利益ともに半分程度と同業他社と比較して高い。展開エリアも，主力の東南アジア以外に，南米，北米，欧州，アフリカ，中東など幅広い。海外拡大できた理由は，製品力（品質・技術など）だけでなく，「人材の豊富さ」も一因だ。各地域・国に深く入り込んで拡販するには人材が重要になる。

（1）　親会社 ……………………………………………………

該当ありません。

（2）　連結子会社 ……………………………………………

名称	住所	資本金又は出資金	主要な事業の内容	議決権の所有割合（％）（注）1	関係内容		
					役員の兼任	営業上の取引	設備の賃貸借
味の素冷凍食品㈱（特定子会社）	東京都中央区	百万円9,537	冷凍食品	100.0	あり	同社の製品を当社が購入及び販売、同社の原材料を当社が共同購入し供給	当社が建物等を賃貸
味の素食品㈱（特定子会社）	神奈川県川崎市川崎区	百万円4,000	調味料、栄養・加工食品、ソリューション＆イングリディエンツ	100.0	なし	同社の製品を当社が購入及び販売、同社の原材料を当社が共同購入し供給	当社が土地・建物を賃貸、及び当社が土地を賃借
味の素AGF㈱（特定子会社）	東京都渋谷区	百万円3,862	栄養・加工食品	100.0	あり	同社の製品を当社が購入及び販売	当社が建物等を賃貸
味の素ヘルシーサプライ㈱	東京都中央区	百万円380	その他（ヘルスケア）、バイオファーマサービス＆イングリディエンツ	100.0	なし	同社の製品を当社が購入及び販売、当社の製品を同社が購入及び販売	なし
味の素エンジニアリング㈱	東京都大田区	百万円324	その他	100.0	なし	当社の業務を同社が請負	当社が建物等を賃借
味の素ファインテクノ㈱	神奈川県川崎市川崎区	百万円315	ファンクショナルマテリアルズ	100.0	なし	同社の製品を当社が購入、同社の業務を当社が請負	なし
味の素トレーディング㈱	東京都港区	百万円200	その他（ヘルスケア）	100.0	なし	同社の製品を同社が購入及び販売、当社の原材料を同社が購入し供給	なし
デリカエース㈱	埼玉県上尾市	百万円200	ソリューション＆イングリディエンツ	100.0	なし	なし	当社が土地・建物等を賃貸
味の素フィナンシャル・ソリューションズ㈱	東京都中央区	百万円100	その他	100.0	なし	当社の業務を同社が請負	なし
味の素ベーカリー㈱	東京都中央区	百万円100	ソリューション＆イングリディエンツ	100.0	なし	当社の原材料を同社が購入	なし
㈱味の素コミュニケーションズ	東京都中央区	百万円100	その他	100.0	なし	当社の業務を同社が請負、当社の製品を同社が購入及び販売	当社が建物等を賃貸
㈱ジーンデザイン	大阪府茨木市	百万円59	バイオファーマサービス＆イングリディエンツ	100.0	なし	当社の製品を同社が購入及び販売	なし
サップス㈱	東京都中央区	百万円50	ソリューション＆イングリディエンツ	100.0	なし	当社の製品を同社が購入及び販売	なし
味の素ダイレクト㈱	東京都中央区	百万円10	その他（ヘルスケア）	100.0	なし	同社の製品を当社が購入及び販売	なし

point　関係会社の状況

主に子会社のリストであり，事業内容や親会社との関係についての説明がされている。特に製造業の場合などは子会社の数が多く，すべてを把握することは難しいが，重要な役割を担っている子会社も多くある。有報の他の項目では一度も触れられていない場合が多いので，気になる会社については個別に調べておくことが望ましい。

名称	住所	資本金又は出資金	主要な事業の内容	議決権の所有割合(%)(注)1	関係内容		
					役員の兼任	営業上の取引	設備の賃貸借
味の素デジタルビジネスパートナー㈱	東京都中央区	百万円 51	その他	66.7	なし	当社の業務を同社し代行	当社が建物等を賃借
味の素アセアン地域統括社	タイ	千タイバーツ 2,125,000	調味料・食品、冷凍食品	100.0	あり	当社の業務を同社が請負	なし
タイ味の素社（特定子会社）	タイ	千タイバーツ 796,362	調味料	99.7 (0.0)	あり	同社の製品を当社が購入及び販売、当社の製品を同社が購入及び販売	なし
タイ味の素販売社	タイ	千タイバーツ 50,000	調味料、栄養・加工食品	100.0 (100.0)	なし	当社の製品を同社が購入及び販売	なし
アジトレード・タイランド社	タイ	千タイバーツ 10,000	その他（ヘルスケア）、ソリューション＆イングリディエンツ、栄養・加工食品	100.0 (100.0)	なし	当社の製品を同社が購入及び販売	なし
ワンタイフーヅ社	タイ	千タイバーツ 60,000	栄養・加工食品	60.0 (35.0)	あり	同社の製品を当社が購入及び販売	なし
タイ味の素ベタグロ冷凍食品社（注）2	タイ	千タイバーツ 764,000	冷凍食品	50.0 (50.0)	なし	なし	なし
インドネシア味の素社	インドネシア	千米ドル 8,000	調味料	51.0	なし	当社の製品を同社が購入	なし
インドネシア味の素販売社	インドネシア	千米ドル 250	調味料	100.0 (80.0)	なし	当社の製品を同社が購入及び販売	なし
ベトナム味の素社	ベトナム	千米ドル 50,255	調味料	100.0	あり	当社の製品を同社が購入	なし
マレーシア味の素社	マレーシア	千マレーシアリンギット 65,102	調味料	50.4	なし	同社の製品を当社が購入及び販売、当社の製品を同社が購入及び販売	なし
フィリピン味の素社	フィリピン	千フィリピンペソ 665,444	調味料	95.0	あり	当社の製品を同社が購入及び販売	なし
味の素（中国）社（特定子会社）	中国	千米ドル 104,108	その他（ヘルスケア）	100.0	なし	なし	なし
上海味の素調味料社	中国	千米ドル 27,827	調味料	100.0 (99.0)	なし	当社の製品を同社が購入及び販売	なし
上海味の素貿易社	中国	千中国元 10,000	バイオファーマサービス＆イングリディエンツ	100.0 (100.0)	なし	当社の製品を同社が購入及び販売	なし
味の素（香港）社	香港	千香港ドル 5,799	ソリューション＆イングリディエンツ	100.0	なし	当社の製品を同社が購入及び販売	なし
シンガポール味の素社	シンガポール	千シンガポールドル 1,999	ソリューション＆イングリディエンツ	100.0	あり	当社の製品を同社が購入及び販売	なし

(point) **戦前から中国市場に進出**

　味の素は，タイ，ブラジルなどの海外で「味の素」や風味調味料などを販売し，高いブランド力を構築して高収益を上げているが，中国事業については 11/3期にようやく黒字化した。中国進出は戦前までさかのぼるが，戦後中国事業を再開したのは1979年の味の素(香港)設立と，味の素の歴史の中では比較的最近だった。

名称	住所	資本金又は出資金	主要な事業の内容	議決権の所有割合(%)(注)1	関係内容 役員の兼任	営業上の取引	設備の賃貸借
カンボジア味の素社	カンボジア	千米ドル 11,000	調味料	100.0	なし	なし	なし
韓国味の素社	韓国	千韓国ウォン 1,000,000	栄養・加工食品	70.0	なし	当社の製品を同社が購入及び販売	なし
台湾味の素社	台湾	千台湾ドル 250,000	調味料	100.0	なし	当社の製品を同社が購入及び販売	なし
ミャンマー味の素食品社	ミャンマー	千ミャンマーチャット 61,290,000	調味料	100.0 (100.0)	なし	なし	なし
味の素フーズ・ノースアメリカ社 (注) 3	アメリカ	千米ドル 15,030	冷凍食品	100.0 (100.0)	あり	当社の製品を同社が購入及び販売	なし
味の素ヘルス・アンド・ニュートリション・ノースアメリカ社 (注) 4	アメリカ	米ドル 0	その他(ヘルスケア)、ソリューション&イングリディエンツ、バイオファーマサービス&イングリディエンツ	100.0 (100.0)	あり	同社の製品を当社が購入及び販売、当社の製品を同社が購入及び販売	なし
味の素アルテア社	アメリカ	米ドル 0	バイオファーマサービス&イングリディエンツ	100.0	あり	当社の業務を同社が請負	なし
味の素キャンブルック社	アメリカ	千米ドル 34,280	その他(ヘルスケア)	100.0 (100.0)	あり	なし	なし
ブラジル味の素社 (特定子会社)	ブラジル	千ブラジルレアル 913,298	調味料、ソリューション&イングリディエンツ、バイオファーマサービス&イングリディエンツ	100.0	あり	同社の製品を当社が購入及び販売、当社の製品を同社が購入及び販売	なし
ペルー味の素社	ペルー	千ヌエボソル 45,282	調味料	99.6	あり	当社の製品を同社が購入及び販売	なし
欧州味の素食品社	フランス	千ユーロ 35,000	ソリューション&イングリディエンツ	100.0 (0.0)	あり	当社の製品を同社が購入及び販売	なし
味の素オムニケム社	ベルギー	千ユーロ 21,320	バイオファーマサービス&イングリディエンツ	100.0 (0.0)	あり	同社の製品を当社が購入及び販売、当社の製品を同社が購入及び販売	なし
ナイジェリア味の素食品社	ナイジェリア	千ナイジェリアナイラ 2,623,714	調味料	100.0	あり	なし	なし
イスタンブール味の素食品社	トルコ	千トルコリラ 51,949	調味料	100.0	あり	なし	なし
ポーランド味の素社	ポーランド	千ズロチ 39,510	栄養・加工食品	100.0	あり	なし	なし

(point) **高成長を続けるブラジルの即席麺事業**

アリメントスは1965年からブラジルで即席麺事業を展開してきた。1972年に味の素が，1975年に日清食品ホールディングスが資本参加し，現在は味の素が営業とマーケティングを，日清食品ホールディングスが製造とR&Dを担っており，シェアは約6割と圧倒的。ブラジルの即席麺市場は今後も年間5%程度の成長が予想されている。

名称	住所	資本金又は出資金	主要な事業の内容	議決権の所有割合（%）（注）1	関係内容		
					役員の兼任	営業上の取引	設備の賃貸借
ニュアルトラ社	アイルランド	ユーロ 0	その他（ヘルスケア）	100.0 (100.0)	あり	なし	なし
アグロ2アグリ社	スペイン	千ユーロ 2,027	その他（ヘルスケア）	100.0 (100.0)	なし	なし	なし
その他 62社	－	－	－	－	－	－	－

（注）1. 議決権の所有割合の（ ）内は，間接所有割合で内数です。

（注）2. 議決権の所有割合は50%以下ですが，実質的に支配しているため子会社としております。

（注）3. 味の素フーズ・ノースアメリカ社については，売上高（連結会社相互間の内部売上高を除く）の連結売上高に占める割合が10%を超えております。なお，以下の金額には当年度ののれんの減損損失13,467百万円を含んでおります。

　　　　主要な損益情報等　　(1) 売上高　　　　157,351百万円

　　　　　　　　　　　　　　(2) 営業利益　　　△11,069（△は損失）

　　　　　　　　　　　　　　(3) 当期利益　　　△8,612（△は損失）

　　　　　　　　　　　　　　(4) 資産合計　　　144,361

　　　　　　　　　　　　　　(5) 純資産合計　　94,114

（注）4. モア・ザン・グルメ社は，2023年1月に，味の素ヘルス・アンド・ニュートリション・ノースアメリカ社に合併したため，表から削除しております。

（注）5. 味の素北米ホールディングス社は，特定子会社に該当しなくなったため，表から削除しております。

(3) 持分法適用会社 ··

名称	住所	資本金又は出資金	主要な事業の内容	議決権の所有割合（%）	関係内容		
					役員の兼任	営業上の取引	設備の賃貸借
EAファーマ㈱（関連会社）	東京都中央区	百万円 9,145	その他	40.0	なし	同社の製品・原薬を当社が受託製造	当社が建物等を賃借
㈱J-オイルミルズ（関連会社）（注）1	東京都中央区	百万円 10,000	その他	27.2	あり	同社の製品を当社が購入及び販売	当社が建物等を賃貸
プロマシドール・ホールディングス社（共同支配企業）	英領ジャージー島	千米ドル 0	栄養・加工食品	33.3	なし	なし	なし
その他 11社（注）2	－	－	－	－	－	－	－

（注）1. （株）J-オイルミルズは有価証券報告書を提出しております。

（注）2. 「その他」には共同支配企業2社を含んでおります。

(4) その他の関係会社 ··

該当ありません。

(point) **従業員の状況**

主力セグメントや，これまで会社を支えてきたセグメントの人数が多い傾向があるのは当然のことだろう。上場している大企業であれば平均年齢は40歳前後だ。また労働組合の状況にページが割かれている場合がある。その情報を載せている背景として，労働組合の力が強く，人数を削減しにくい企業体質だということを意味している。

5 従業員の状況

(1) 連結会社における状況 ··

2023年3月31日現在

セグメントの名称	従業員数（人）	
調味料・食品	21,963	(4,174)
冷凍食品	5,923	(3,671)
ヘルスケア等	5,017	(309)
その他	1,079	(549)
全社（共通）	633	(－)
合計	34,615	(8,703)

(注) 1. 従業員数は，就業従業員数です。
(注) 2. 従業員数欄の（ ）内は，臨時従業員の年間平均雇用人員数を外数で記載しております。

(2) 提出会社の状況 ··

2023年3月31日現在

従業員数（人）	平均年齢（歳）	平均勤続年数（年）	平均年間給与（円）
3,335 （221）	44.6	20.3	10,475,177

セグメントの名称	従業員数（人）	
調味料・食品	1,629	(54)
冷凍食品	27	(－)
ヘルスケア等	963	(122)
その他	83	(45)
全社（共通）	633	(－)
合計	3,335	(221)

(注) 1. 従業員数は，就業従業員数です。
(注) 2. 従業員数欄の（ ）内は，臨時従業員の年間平均雇用人員数を外数で記載しております。
(注) 3. 平均年間給与は，賞与及び基準外賃金を含んでおります。

(3) 労働組合の状況 ··

特記すべき事項はありません。

事業の状況

1 経営方針，経営環境及び対処すべき課題等

当社グループの経営方針，経営環境及び対処すべき課題等は，以下のとおりです。

なお，文中の将来に関する事項は，当連結会計年度末現在において当社グループが判断したものです。

「2020-2025中期経営計画」フェーズ1（2020-2022中計）の振り返り

「2020-2025中期経営計画」フェーズ1（2020-2022中計）では，この先の持続的な成長を実現するために，徹底的な構造改革に取り組み，着実なオーガニック成長の実現や重点事業への集中，有形資産を軽くするアセットライトを推進しました。また，2022年4月からは「スピードアップ×スケールアップ」を掲げ，意思決定と執行のスピードを速める企業文化の変革を進め，不透明な社会状況の中での原料安定調達やコストアップへ迅速に対応する等，当社の適応力向上を加速させています。

「2020-2025中期経営計画」フェーズ1（2020-2022中計）で掲げた財務・非財務の各目標は，ほぼ達成し，1年前倒しで再成長ステージに入ることができました。重点事業売上高比率及び従業員エンゲージメントスコアは未達となりましたが，従業員エンゲージメントスコアについては，より実態を把握できる測定方法に変更した上で，無形資産の価値を高める源泉である人財資産の強化に継続して取り組み，ASVの志で結ばれた個人と組織の共成長を図ることで，このスコアを更に高め，企業価値向上につなげていきます。

(point) **業績等の概要**

この項目では今期の売上や営業利益などの業績がどうだったのか，収益が伸びたあるいは減少した理由は何か，そして伸ばすためにどんなことを行ったかということがセグメントごとに分かる。現在，会社がどのようなビジネスを行っているのか最も分かりやすい箇所だと言える。

			FY19実績	FY20実績	FY21実績	FY22実績	FY22中計時目標
財務指標	効率性	ROIC(＞資本コスト)（ ）：除く構造改革費用	3.0%（約6%）	6.9%（約8%）	7.9%（8.5%）	9.9%（10.8%）	8%
	成長性	オーガニック成長率（前年比）	0.3%	▲0.6%	6.8%	9.5%	4%
	重点KPI	重点事業売上高比率	66.5%	66.6%	68.7%	68.7%	70%
		単価成長率(前年比)（海外コンシューマー製品）	約5%	2.8%	4.8%	11.9%	2.5%
未財務指標		従業員エンゲージメントスコア（"ASVの自分ごと化"）	55%	64%	61%	62%	70%
	ブランド強化	ブランド価値(mUSD)（InterBrand社調べ）	780	926	1,208	1,391（対前年+15%）	CAGR7%を目途とする
		ブランド強度スコア	56	58	59	59	主要12カ国毎のスコアアップ

FY20-22 フェーズ1 構造改革

"Our Philosophy" ～食と健康の課題解決，その先へ～

　味の素グループでは，これまで3か年の中期経営計画を策定し取り組んできました。しかし，常に変化する社会や経済情勢下において，先行きが不透明な3年先の経営数値を精緻に作り込むことに主眼がおかれ，挑戦的な取組みや成長が不十分ということが課題となっていました。そのため，3年分の数字を精緻に積み上げすぎて計画倒れや計画疲れになりがちだった従来型の中期経営計画を廃止し，長期視点のありたい姿から挑戦的な「ASV指標（＊1）」を掲げ，バックキャスト（＊2）して2030年までのありたい姿への道筋である「中期ASV経営2030ロードマップ」を策定することとしました。

　「中期ASV経営2030ロードマップ」を描くにあたり，味の素グループの「志（パーパス）」を「アミノ酸のはたらきで食と健康の課題解決」から「アミノサイエンス®（＊3）で人・社会・地球のWell-beingに貢献する」へと進化させ，味の素グループの理念体系である"Our Philosophy"をより簡潔かつ明確に整理しました。その上で，「ASV指標」による「中期ASV経営」へのマネジメント変革を行い，食と健康の課題解決のその先へ，アミノサイエンス®により人・社会・地球のWell-beingへ貢献，そして"Eat Well, Live Well."を実現していきます。

＊1　味の素グループが事業を通じて得た財務パフォーマンスを示す経済価値指標と，提供・共創したい価値に基づく社会価値指標から成る，更なる成長やチャレンジを後押しする指標。

＊2　未来を起点に現在を振り返り，今何をすべきか考える未来起点の発想法。

(point) **拡大するスープ市場でトップシェアを獲得**

　国内食品事業の中核は，うま味調味料（「味の素」・「ハイミー」，シェア89%），和風だしの素（「ほんだし」，シェア51%），スープ（「クノール」，シェア38%）などでいずれもシェア1位。市場規模はスープ，和風だしの素，うま味調味料の順。スープ市場は前年比5%成長したが，うま味調味料，だしの素市場は低減傾向。

＊3　創業以来，アミノ酸のはたらきに徹底的にこだわった研究プロセスや実装化プロセスから得られる多様な素材・機能・技術・マーケティング・サービスを総称したもの。また，それらを社会課題の解決や"Well-being"への貢献につなげる，味の素グループ独自の科学的アプローチ。

<Our Philosophy>

味の素グループにとっての重要な事項（マテリアリティ）

　多様な関係者の皆様とも対話を重ね，社外有識者を中心としたサステナビリティ諮問会議からの答申を基に，長期視点で味の素グループにとっての重要な事項（マテリアリティ）とそのつながりを次のようにユニークに整理しました。

　図中にある「アミノサイエンス®によるWell-being」とは，人間が求める豊かさの質を"Well-being"へと転換し，アミノサイエンス®の力で地球環境を再生し可能性を広げることでサステナブルに成長していく味の素グループの未来に向けての考え方を示しています。また，無限大のメビウスの輪は，サステナブルな成長を意味しています。そして，このポジティブな成長の考え方はまさに，「アミノサイエンス®で人・社会・地球のWell-beingに貢献する」という「志（パーパス）」と重なるわけです。「志（パーパス）」とマテリアリティのつながりを意識し，今後具体的な取組みや目標KPI等を経営戦略の一環として設定・測定・開示しながら，多様な関係者の皆様と対話をしていきます。

　なお，サステナビリティ諮問会議の議長を務めていただいた立教大学のデイヴィススコット教授を社外取締役に招聘し，この取組みを絵に描いた餅ではなく，確実に実行していきます。

(point) **下流から上流への浸透を狙う商品戦略**

　タイでは小分けされた「味の素」が1バーツ（約3円）から売られており，風味調味料「Ros Dee」と缶コーヒー「Birdy」は約10バーツ（約30円），メニュー用調味料「Ros Dee Menu」は15バーツ（約50円）で売られている。まずは低所得者層にも購入可能な値段で商品を提供し，所得向上時に高価な商品を買ってもらう新興国の商品戦略だ。

❶ 共創力 を磨き、❷ 生活者視点 をもって ❸ Well-being を実現し、
事業活動を通じて 共創された価値 を還元していく
アミノサイエンス®によるWell-being ❹

「中期ASV経営2030ロードマップ」

(1) 中期ASV経営へのマネジメント変革

　「中期ASV経営2030ロードマップ」の1つ目のポイントは，「中期ASV経営」へのマネジメント変革です。計画中心から継続的に実行力を磨き込む経営に進化させていきます。中期経営計画の策定を廃止し，「ASV指標」への挑戦をし続ける「中期ASV経営」を推進します。そのために，「2030年のありたい姿」に向けて，挑戦的な指標を掲げ，そこからバックキャストして2030年度までの道筋（ロードマップ）を策定しました。その指標が「ASV指標」であり，「ASV指標」は経済価値だけでなく，経済価値へとつながる社会価値の指標も示しています。

　これを進める中ではうまくいく事ばかりではないと思います。その兆候をしっかりと捉えて機敏に打ち手を打ち続けることで実行力を磨き込んでいきます。高い目標に対し挑戦を続けることで従業員一人ひとりも成長し，それらも原動力に企業価値を飛躍的・継続的に向上させていきます。

　なお，単年度ごとの業績予想はこれまで通り公表して，その実現を目指していきます。

---

point 3つのAで新興国市場に浸透

　タイは海外コンシューマー事業売上の約4割を占める重要国。新興国における強さの源泉は，3つのA（Affordable＝誰にでも買える，Available＝どこでも買える，Applicable＝どんなメニューにでも美味しい）だ。タイの食生活では屋台からのテイクアウトが多いため，「味の素」調味料の売上の7割が屋台などの外食向け。

	FY22	FY23予想	FY25計画	FY30計画
経済価値指標 ROE	12.9%	12.4%	18%	約20%
ROIC(>資本コスト)	9.9%	9.5%	13%	約17%
オーガニック成長率	9.5%	8.8%	5%(FY22-25)	5%~(FY25-30)
EBITDAマージン	15.2%	15.4%	17%	19%
社会価値指標 環境負荷削減の取り組み	—	—	環境負荷50%削減(アウトカム)	
栄養コミットメント 実機以外の最新についての指標も今後検討予定	—	—	10億人の健康寿命延伸(アウトカム)	
無形資産強化 従業員エンゲージメントスコア*	62%(75%**)	—	80%	85%~
コーポレートブランド価値 (mUSD, Interbrand社調べ*)	1,391 前年+15%		FY19年比、CAGR 7%~	

【参考】EPS 約3倍(FY2022対比)を目指す

ASV が飛躍的・継続的に向上し、ステークホルダー・社会にとって魅力的な企業であり続ける

*測定方法を、「ASV自分ごと化」の1設問から、より実態を把握できる「ASV実現プロセス」の9設問の平均値へと2023年度スコアから変更する。
**「ASV実現プロセス」のFY22年度スコア

(2) ポートフォリオマネジメントの進化

　2つ目のポイントは，最適な資産配分を検討するポートフォリオマネジメントの進化です。事業・機能・地域等の各種ポートフォリオについて，その配分を「志」と「中期ASV経営」に照らしてシフトさせていきます。これまでは，成長性と効率性の軸で，特に，6つの重点事業への集中やアセットライト（資産の保有を抑え，財務を軽くすること）を優先して進めてきました。今後も効率性向上やアセットライトは継続しながら，より中長期の成長性を意識していきます。新たなポートフォリオの考え方では縦軸に中長期の成長性を，横軸には競争優位性の構築や持続可能性を取り，成長分野に経営資源を集中させ，高収益な事業構造への転換を図ると同時に，将来を見据えた種蒔きを続け，機敏な撤退判断も行いながら，①集める，②変える，③始める，④止める，によってポートフォリオを常に新しく進化させていきます。

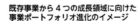

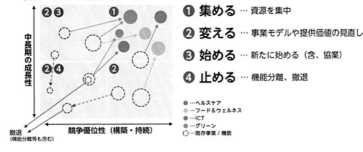

既存事業から4つの成長領域に向けた
事業ポートフォリオ進化のイメージ

❶ 集める … 資源を集中
❷ 変える … 事業モデルや提供価値の見直し
❸ 始める … 新たに始める（含、協業）
❹ 止める … 機能分離、撤退

● …ヘルスケア
○ …フード＆ウェルネス
● …ICT
● …グリーン
○ …既存事業／機能

中長期の成長性

競争優位性（構築・持続）

撤退（機能分離等も含む）

(point) **東南アジアの食文化に適合したうま味**

　基本的な味覚には、「甘味」「苦味」「酸味」「塩味」「うま味」の5種類がある。「うま味」成分を世界で初めて製品化した「味の素」（MSG）が東南アジアで急成長してきた一番大きな要因は東南アジア地域が歴史的に魚醤・塩辛の食文化にあり、基本味のひとつである「うま味」が浸透しやすかった点と言えるだろう。

（3） 無形資産への重点投資

　最後のポイントは，無形資産への投資です。当社における競争優位の源泉は技術資産・人財資産・顧客資産・組織資産といった無形資産にあると考えており，その「見える化」を進めながら更に磨き込んでまいります。

　まず，技術資産には，おいしさ設計技術®や先端バイオ・ファイン技術に代表されるアミノサイエンス®が挙げられます。この技術資産には，生活者の心がどう動くかということを見極める，マーケティングの技術も含まれています。無形資産の中で一番重要なものは，人財資産です。「志」への「熱意」あふれる人財や，顧客と技術をマッチングさせイノベーションを生み出す人財，現地・現場に寄り添う人財が味の素グループの強みであり，今後は，更に多様な価値を創出できる人財を獲得・育成していきます。顧客資産では，B2B，B2C，業種，エリア等多様かつグローバルな顧客との関わりがあることが強みです。最後に，組織資産とは，企業で共有されている組織全体としての力を指しますが，「志」とそれへの熱意や「ASV経営」，「味の素グループWay」やコーポレートブランドが味の素グループの強みです。一方で成長へとシフトしていくためには，現地・現場で起こるイノベーションを「スピードアップ×スケールアップ」していく仕組みを強化する必要があると考えています。そのためにも，2030年までに約1,000億円の人財投資を行い，ワークショップや研修を通じて学ぶ機会を増やし，統合的に組織資産，組織風土を活性化させていきます。

　これら無形資産投資・強化の取組みは，ASVの実現と密接に関わると考えており，ASV実現プロセスを，従業員エンゲージメントスコアを測定する項目として毎年確認していくことで，継続的に企業価値を向上させていきます。

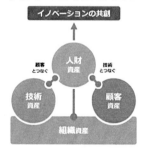

ダイバーシティ・エクイティ＆インクルージョン（多様性・公平性・包括性）

　多様性を高めるため，重点3指標（性別，国籍，グループ企業所属籍）の取組みを進めます。その一環として，執行役では2023年4月より女性3名，外国籍2名を登用し，社外取締役では外国籍1名を候補としました。また，既に導入されているポジションマネジメント（＊4）の仕組みを活かして，味の素グループの優秀な人財が企業や国を超えて更にグローバルに活躍できるよう人財委員会も活用して取り組んでいきます。リーダーシップ層においても，2030年に多様性3指標30％を実現していきます。そのための人財プールの充実化と見える化，グローバル人財育成プログラム「味の素グループアカデミー」での能力開発，地域間異動なども含めた適所適財の人財登用を推進していきます。

＊4　事業戦略の実現のために組織に必要な職務を明確化し，それぞれの職務の要件とその職務を担うために必要な人財の要件を決定すること。

リスクマネジメント体制の強化

　近時，事業環境の変化は激しく，これまで以上に包括的なリスクマネジメントが重要であると認識しています。このため，2023年4月，経営リスク委員会を設置しました。それまでは，味の素グループにとっての重要な事項（マテリアリティ）に基づく全社経営課題のリスク及び機会の対策を立案するサステナビリティ委員会の下部機構であるリスククライシス小委員会がリスクマネジメントを担う体制としていましたが，パンデミックや地政学リスク等について十分に先取りした対応ができていなかったとの反省がありました。新設の経営リスク委員会は，「中期ASV経営2030ロードマップ」の実現の妨げとなるリスクを早期に特定し，味の素グループへの影響評価を実施して対応策を立案することで，味の素グループのリスクマネジメント力を向上させます。マテリアリティに基づくリスクと機会である環境課題やサプライチェーンにおける人権課題等は，今後もサステナビリティ委員会が対応していきます。経営リスク委員会とサステナビリティ委員会の緊密な連携を通じて，味の素グループのリスクを適切に管理します。

２　サステナビリティに関する考え方及び取組

＜味の素グループのサステナビリティに対する考え方＞

　味の素グループは，アミノサイエンス®で人・社会・地球のWell-beingに貢献

（point） **生産，受注及び販売の状況**

　生産高よりも販売高の金額の方が大きい場合は，作った分よりも売れていることを意味するので，景気が良い，あるいは会社のビジネスがうまくいっていると言えるケースが多い。逆に販売額の方が小さい場合は製品が売れなく，在庫が増えて景気が悪くなっていると言える場合がある。

することを目指しています。そのためには，2030年までに「環境負荷を50％削減」と「10億人の健康寿命を延伸」のアウトカムを両立して実現することが必要と考えています。

　味の素グループの事業は，健全なフードシステム（＊1），つまり安定した食資源と，それを支える豊かな地球環境の上に成り立っています。一方で，事業を通じて環境に大きな負荷もかけています。地球環境が限界を迎えつつある現在，その再生に向けた対策は当社グループの事業にとって喫緊の課題です。気候変動対応，食資源の持続可能性の確保，生物多様性の保全といった「環境負荷削減」によって初めて「健康寿命の延伸」に向けた健康でより豊かな暮らしへの取組みが持続的に実現できると考えています。

　味の素グループは事業を通じて，おいしくて栄養バランスの良い食生活に役立つ製品・サービスを提供するとともに，温室効果ガス，プラスチック廃棄物，フードロス等による環境負荷の削減をより一層推進し，また，資源循環型アミノ酸発酵生産の仕組み（バイオサイクル）を活用することで，強靭で持続可能なフードシステムと地球環境の再生に貢献していきます。

　さらに，味の素グループの強みであるアミノサイエンス®を最大限に活用し，イノベーションとエコシステムの構築により，フードシステムを変革していきたいと考えています。

＊1　食料の生産，加工，輸送及び消費に関わる一連の活動

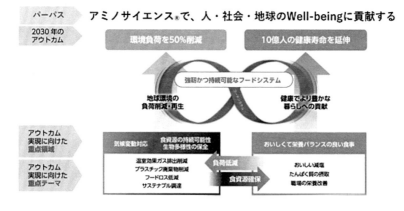

(point) **対処すべき課題**

　有報のなかで最も重要であり注目すべき項目。今，事業のなかで何かしら問題があればそれに対してどんな対策があるのか，上手くいっている部分をどう伸ばしていくのかなどの重要なヒントを得ることができる。また今後の成長に向けた技術開発の方向性や，新規事業の戦略ついての理解を深めることができる。

（1） ガバナンス

　味の素グループでは，グループ各社及びその役員・従業員が順守すべき考え方と行動の在り方を示した味の素グループポリシー（AGP）を誠実に守り，内部統制システムの整備とその適正な運用に継続して取り組むとともに，サステナビリティを積極的なリスクテイクと捉える体制を強化し，持続的に企業価値を高めています。

　持続可能性の観点から企業価値を継続的に向上させるため，サステナビリティ推進体制を強化しており，その概要は提出日現在で以下のとおりです。

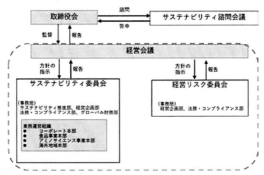

　取締役会は，サステナビリティ諮問会議を設置する等，サステナビリティとESGに係る当社グループの在り方を提言する体制を構築し，ASV経営の指針となる味の素グループにとっての重要な事項（マテリアリティ）を決定するとともに，サステナビリティに関する取組み等の執行を監督しています。

　経営会議は，下部機構としてサステナビリティ委員会を設置し，「マテリアリティに基づくリスクと機会」を選定・抽出し，その影響度合いの評価，施策の立案，進捗管理を行う体制を構築しています。なお，2022年度はサステナビリティ委員会から2回の報告を受けています。

　サステナビリティ諮問会議は，2023年4月より第二期サステナビリティ諮問会議として，引き続きサステナビリティの観点で味の素グループの企業価値向上を追求するため，その活動を継続します。第二期サステナビリティ諮問会議は，主として投資家・金融市場の専門家からなる社外有識者4名で構成され，議長は社外有識者が務めています。取締役会からの諮問に基づき，マテリアリティの実

ⓟⓞⓘⓝⓣ 成長期待国で盤石の事業基盤を築く

　国内食品は既存リソースを活用し自力で新市場を開拓し，海外食品は既存リソースを使った自力新市場開拓やM＆Aや合弁会社の設立など外部資源を活用する。事業基盤の強いアジアとラテンアメリカで，所得水準上昇に伴う事業機会を捉える。主要5ヶ国であるタイ，インドネシア，フィリピン，ベトナム，ブラジルを「Five Stars」と呼ぶ。

装，その進捗についての開示及び対話，それらを通じてステークホルダーとの関係構築を行っていくことについて，取締役会のモニタリングを強化する視点で検討を行い，取締役会に答申します。第二期サステナビリティ諮問会議は１年に１回以上開催され，審議の内容及び結果を取締役会に報告します。

サステナビリティ委員会は，中期ASV経営を推進するため，マテリアリティに則して，施策の立案，経営会議への提案，サステナビリティ施策の進捗管理を行います。また，マテリアリティに基づく全社経営課題のリスクの対策立案，その進捗管理に関する事項を行うとともに，味の素グループ全体のサステナビリティ戦略策定，戦略に基づく取組みテーマ（栄養，環境，社会）の推進，事業計画へのサステナビリティ視点での提言と支援，ESGに関する社内情報の取りまとめを行います。

経営リスク委員会は，経営会議の下部機構として，サステナビリティ委員会と並列で設置され，経営がイニシアチブをもって対処すべきリスクを特定し，その味の素グループへの影響評価を実施して対応策を立案します。特定されたリスクをサステナビリティ委員会が取り扱う方が実効性高く対応できると判断された場合は，サステナビリティ委員会に対応を委ねるなど，サステナビリティ委員会と緊密に連携します。

(2)　戦略 ⋯⋯⋯⋯⋯⋯⋯⋯⋯⋯⋯⋯⋯⋯⋯⋯⋯⋯⋯⋯⋯⋯⋯⋯⋯⋯⋯⋯⋯⋯⋯⋯⋯⋯⋯

味の素グループは，食品事業について調味料・食品から冷凍食品まで幅広い商品領域を持ち，またヘルスケア等の分野にも事業を展開していることから，当社事業は，農，畜，水産資源や遺伝子資源，水や土壌，昆虫等による花粉媒介などのさまざまな自然の恵み，つまり生態系サービスに大きく依存しています。これら自然の恵みは，多様な生物とそれらのつながりによって形作られる健やかな生物多様性によって提供されています。生物多様性に関する問題と気候変動，水資源の減少，資源廃棄物，水質・大気・土壌汚染などの環境問題は相互に密接にかかわり合っており，分けて考えることはできません。この相互の関係性を考慮しながら，生物多様性の保全や生物資源の持続可能な利用と，温室効果ガスの排出抑制や資源の有効活用，廃棄物の削減などの他の環境負荷低減の取組みを進

めていきます。

　また，味の素グループでは人財資産を全ての無形資産の源泉と考え，従業員の
エンゲージメントが企業価値を高める重要な要素と位置付けています。志を持っ
た多様な人財が，生活者・顧客に深くより添い，イノベーションの共創に挑戦で
きるよう，人財への投資を強化していきます。

(3)　リスク管理 ··

　2つのアウトカムを含む「中期ASV経営2030ロードマップ」を実現する上で，
的確にリスクを把握し，これに迅速かつ適切に対応することが極めて重要です。
味の素グループでは，経営リスク委員会が，経営がイニシアチブをもって対処す
べきリスクを特定し，その味の素グループへの影響評価を実施して対応策を立案
し，味の素グループにとっての重要な事項（マテリアリティ）に基づく全社経営
課題のリスクの対策立案とその進捗管理はサステナビリティ委員会が行いますが，
両委員会の間に取り残されるリスクがないよう，両委員会は緊密に連携しており，
経営リスク委員会にてすべてのリスクを包括的に捉え，取締役会へも報告します。

　国内外の各現場では，個別の事業戦略や現地の政治・経済・社会情勢を考慮し
てリスクを特定し，対応策を策定するリスクプロセスを回しています。経営リス
ク委員会は，リスクプロセスを継続的に改善するとともに，各現場が特定したリ
スクを取りまとめ，経営がイニシアチブをもって対処すべきものに対応します。
また，各事業・法人においては，有事に備え，事業継続計画（BCP）を策定し，
経営リスク委員会は，その有効性を常に検証するための体制を整備しています。

　サステナビリティ委員会は，マテリアリティに基づき分析・評価したリスクに
ついて，グループ全体の対応策を策定，実行するとともに，リスクへの対応状況
を定期的に監視・管理しています。

(4)　指標及び目標 ··

　2030年に環境負荷50％削減のアウトカム実現，さらには2050年ネットゼロ
の達成に向けて引き続き取り組みます。2030年に向けては，これまでの主要なテー
マである温室効果ガス，プラスチック廃棄物，フードロスの削減，持続可能な調

(point) **事業等のリスク**

　「対処すべき課題」の次に重要な項目。新規参入により長期的に価格競争が激しくな
　り企業の体力が奪われるようなことがあるため，その事業がどの程度参入障壁が高く
　安定したビジネスなのかなど考えるきっかけになる。また，規制や法律，訴訟なども
　企業によっては大きな問題になる可能性があるため，注意深く読む必要がある。

達の実現といった目標を継続し，これらの取組みを推進します。

　スコープ1・2における温室効果ガス（GHG）削減，フードロスの削減については計画を上回る進捗となっています。スコープ3におけるGHG削減については，2022年度は，まずタイのMSG原料から，サプライヤーとの協業に向けた対話を開始しました。2023年度はこれらを着実に進めるとともに他のエリアにも横展開していきます。プラスチック廃棄物削減については，リデュース・リサイクル可能な包材への転換とリサイクルの社会実装への貢献を進めています。サステナブル調達については，重点原料での取組みを進めるとともに，2023年度は生物多様性への取組みも進めていきます。

　また，ASV指標の実現を支える無形資産強化として，従業員エンゲージメントスコアの向上を推進します。

ASV指標

　2030年の環境負荷50%削減，そして2050年のネットゼロ達成に向け取組みを進めます。

　また，従業員エンゲージメントスコアについては80％（FY25），85％（FY30）への向上を目指します。

		課題		指標	目標
ASV指標	社会価値指標	気候変動対応	温室効果ガス	スコープ1、2総量	FY30：50%削減（対FY18）
				スコープ3原単位	FY30：24%削減（対FY18）
			水リスク	水使用量	FY25：80%削減（対FY05）
		資源循環型社会の実現	プラスチック廃棄物		FY30：ゼロ化
			フードロス	原料受入からお客様納品まで	FY25：50%削減（対FY18）
				製品ライフサイクル全体	FY50：50%削減（対FY18）
			廃棄物ゼロエミッション	資源化率	99%以上維持
		サステナブル調達の実現	森林破壊 生物多様性 人権 動物との共生	持続可能な調達比率 紙 パーム油 大豆 コーヒー豆 牛肉、サトウキビ	FY30：持続可能な調達100%
無形資産強化				従業員エンゲージメントスコア(*2)	FY25：80% / FY30：85%

＜味の素グループの気候変動に対する考え方＞

（1） ガバナンス ‥‥‥‥‥‥‥‥‥‥‥‥‥‥‥‥‥‥‥‥‥‥‥‥‥‥‥‥‥‥‥‥

　気候変動課題に対する当社のガバナンスは，＜味の素グループのサステナビリティに対する考え方＞に記載のとおりです。

（2） 戦略 ‥‥‥‥‥‥‥‥‥‥‥‥‥‥‥‥‥‥‥‥‥‥‥‥‥‥‥‥‥‥‥‥‥‥‥‥

　当社グループは，食品事業について調味料・食品から冷凍食品まで幅広い商品領域を持ち，またヘルスケア等の分野にも事業を展開しています。気候変動は，大規模な自然災害による事業活動の停止，農作物や燃料などの原材料調達への影響，製品の消費の変化など，さまざまな形でグループの事業に影響を与えます。

① シナリオ分析の前提

　2022年度は，2100年に地球の平均気温が産業革命後より1.5℃又は4℃上昇するというシナリオで（＊3），グローバルのうま味調味料，及び国内・海外の主要な製品に関する2030年時点と2050年時点の気候変動による影響に関するシナリオ分析を実施しました。　中長期における生産に関する事項として，気候変動の影響のうち，渇水，洪水，海面上昇，原料の収量変化等を物理的リスクとして，炭素税の導入やその他の法規制の強化及びエネルギー単価の上昇，消費者嗜好の変化等を移行リスクとして捉え分析しました。

　1.5℃と4℃シナリオにおける2030年時点の平均気温差は0.2℃程度であり物理的リスクに大きな差が見られないと考え，平均気温差が1℃程度予想され物理的リスクに差があると考えられる2050年時点のシナリオ分析のリスクと機会を②・③の表において示しています。

　なお，これまでに当社が実施したシナリオ分析に係る前提の推移を要約すると以下のとおりです。

	2020年度（＊4）	2021年度	2022年度	2023年度（予定）
事業	うま味調味料（グローバル）、国内の主要な製品	うま味調味料（グローバル）、国内の主要な製品	うま味調味料（グローバル）、国内・海外の主要な製品	うま味調味料（グローバル）、国内・海外の主要な製品に加えて、その他の加工食品など
発現の時期	2030年	2030年／2050年	2030年／2050年	2030年／2050年
シナリオ	2℃／4℃	2℃／4℃	1.5℃／4℃	1.5℃／4℃
売上高基準カバレッジ	24%	24%	55%	67%

＊3　国連気候変動に関する政府間パネル（IPCC）による SSP1-1.9（1.5℃シナリオ），SSP5-8.5（4℃シナリオ）及び国際エネルギー機関（IEA）によるシナリオ等を参照しています。

＊4　過年度に実施したシナリオ分析の結果については，過年度に発行したサステナビリティデータブックをご参照ください。

https://www.ajinomoto.co.jp/company/jp/ir/library/databook.html

②　シナリオ分析：リスク

1.5℃シナリオ（2050年）：GHG排出量削減に向けた一定の政策的対応が行われ、化石燃料の消費が減少する場合

リスク	平均気温上昇	洪水・渇水の重大性と頻度の上昇	製品に対する命令及び規制	消費者嗜好の移り変わり	右の対象は当社グループ全体	カーボンプライシングメカニズム
リスクの分類	移行リスク	物理的リスク	移行リスク	移行リスク		移行リスク
事業インパクト	炭素税等による原料調達のコストアップ（コーヒー豆ほか）	創業時より実施している供給継続対策	使用する原料に関する法規制の強化によるコストアップ（想定：原料のトレーサビリティやリサイクル使用の法規制）	気温上昇による需要減（想定：みそ汁、スープ類、ホットコーヒー、加熱調理からレンジ調理へのシフト）		炭素税の導入・増税や排出権取引により、使用する燃料のコストアップ
潜在的財務影響	2億円／年	僅少	—	—		2030年：130億円／年（*5）2050年：300億円／年（*5）
対応策	・原料産地の支援・別製法で作られた原料の検討	・調達地域の多様化・代替原料の研究開発	・サプライチェーン上下流の包括的な協力体制構築	・ASV 訴求活動（栄養価値）を通じた喫食の習慣化を図るコミュニケーション・アイス飲用に適したマーケティング活動・レンジ調理メニューの探索・提案		・内部カーボンプライシングによる財務影響の見える化・燃料転換・再生可能エネルギー利用・環境配慮型の製法開発

4℃シナリオ（2050年）：GHG排出量削減に向けた政策的対応を行わない、成り行きの場合				
リスク	平均気温上昇	洪水・渇水の重大性と頻度の上昇	消費者嗜好の移り変わり	燃料のコスト増加
リスクの分類	物理的リスク	物理的リスク	移行リスク	移行リスク
事業インパクト	農畜水産物の生産性低下によるコストアップ（想定1：養殖の生育環境悪化、想定2：家畜の増体率低下、想定3：乳牛の乳量低下、想定4：家畜の感染症流行、想定5：農産物の生育不良や病害虫流行）	原料調達のコストアップ、操業停止、納期遅延による売上高の減少（想定1：タイの洪水、想定2：タイの渇水、想定3：日本の局地豪雨による冠水）	気温上昇による需要減（想定：みそ汁、スープ類、ホットコーヒー、加熱調理からレンジ調理へのシフト）	化石系の燃料や電力の価格上昇
潜在的財務影響	45億円／年	1億円／年	－	25億円／年
対応策	・調達地域の多様化 ・サプライヤー・農家との連携強化 ・エキス削減レシピの開発 ・代替原料の研究開発 ・高温耐性品種の導入 ・販売価格への反映	・調達地域の多様化 ・代替原料の研究開発 ・節水生産の継続・改善 ・供給体制・物流体制の整備	・ASV訴求活動（栄養価値）を通じた喫食の習慣化を図るコミュニケーション ・手軽な加熱調理コミュニケーションへの改善 ・アイス飲用に適したマーケティング活動 ・レンジ調理メニューの探索・提案	・燃料転換 ・再生可能エネルギー利用 ・環境配慮型の製法開発

＊5　SBT（Science Based Targets）イニシアチブに認定された当社グループの2018年度の基準GHG排出量に、IEA：International Energy Agency（国際エネルギー機関）の1.5℃シナリオに相当する2030年炭素税・排出権取引の予測：新興国＝15＄／t-CO2、ブラジル・中国＝90＄／t-CO2、先進国＝130＄／t-CO2、2050年炭素税・排出権取引の予測：新興国＝55＄／t-CO2、ブラジル・中国＝200＄／t-CO2、先進国＝250＄／t-CO2を乗じて算出。4℃シナリオは現状の成り行きであり炭素税・排出権取引の追加・増税は想定しておりません。

③　シナリオ分析：機会

1.5℃シナリオ（2050年）：GHG排出量削減に向けた一定の政策的対応が行われ、化石燃料の消費が減少する場合		
機会	低排出量商品及びサービス	消費者嗜好の移り変わり
機会の分類	製品及びサービス	製品及びサービス
事業インパクト	エシカル志向の拡大により環境負荷が低い製品として売上増加	・健康志向によるニーズ拡大＝売上増加 ・気温上昇による飲料などのニーズ拡大＝売上増加
対応策	・環境配慮型の製法や製品の開発 ・ESGの好評価を取得する取組み推進 ・低環境負荷を証明するエビデンス強化 ・中大容量品へ顧客嗜好をシフトする推進策	・栄養価値が向上する製品開発 ・栄養価値訴求を通じた喫食の習慣化を図るコミュニケーション ・環境配慮型の製法や製品の開発

(point) **イスラム圏での苦い経験**

投資額はあまり大きくないが，インドネシアもアジアのなかで重要な市場だろう。ただ味の素にとっては苦い過去がある。2001年1月に，イスラム圏で最大の信徒数を抱えるインドネシアで，うま味調味料製造工程における発酵の保存用培地の栄養源に，イスラムのシャリーア（イスラム法）に基づきハラーム（非合法）とされる豚由来

4℃シナリオ（2050年）	GHG排出量削減に向けた政策的対応を行わない、成り行きの場合	
機会	低排出量商品及びサービス	消費者嗜好の移り変わり
機会の分類	製品及びサービス	製品及びサービス
事業インパクト	エシカル志向の拡大により環境負荷が低い製品として売上増加	・健康志向によるニーズ拡大＝売上増加 ・気温上昇による飲料などのニーズ拡大＝売上増加
対応策	・環境配慮型の製法や製品の開発 ・低環境負荷を証明するエビデンス強化 ・中大容量品へ顧客嗜好をシフトする推進策	・栄養価値が向上する製品開発 ・栄養価値訴求を通じた喫食の習慣化を図るコミュニケーション ・環境配慮型の製法や製品の開発

④ シナリオ分析結果の戦略への反映

（ⅰ） 事業戦略への反映

　シナリオ分析における事業への影響を踏まえ，今後一層のGHG排出量削減に向け，燃料転換・再生可能エネルギー利用・環境配慮型の製法に関する投資を計画していきます。また，サステナビリティに対する取組みが製品の付加価値向上につながる「ASV」の実現に向けて，新たな事業戦略の策定に取り組んでまいります。

　また，2023年度以降のシナリオ分析においては，分析の対象製品，対象リスクをそれぞれ広げることにより，リスク・機会の分析を高度化していきます。

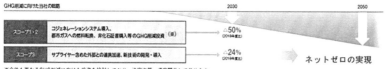

（ⅱ） 資金調達戦略への影響

　当社は，各種取組みに対して必要な資金については，サステナブルファイナンスを基本としており，2021年10月発行のSDGs債，2022年1月のポジティブ・インパクト・ファイナンスによるコミットメントラインに続き，サステナビリティ・リンク・ローンによるコミットメントライン契約を2022年12月に締結しました。また，直近では2023年6月にサステナビリティ・リンク・ボンドを発行しています（＊6）。

　これら資金調達により，当社グループが掲げる2030年までの2つのアウトカムのうちの1つ「環境負荷を50％削減」の実現，及び持続可能な社会の実現に向

　の酵素を触媒として製造された大豆蛋白分解物質を使用したとして，政府から製品回収を求められた経緯がある。

けた取組みをより一層加速させていきます。

＊6　これらの詳細に関しては，以下の「サステナブルファイナンス」サイトをご参照ください。
https://www.ajinomoto.co.jp/company/jp/activity/csr/finance/index.html

(3)　リスク管理

　気候変動課題に対する当社のリスク管理は，＜味の素グループのサステナビリティに対する考え方＞に記載のとおりです。

(4)　指標と目標

　当社グループは，SBT（Science Based Targets）イニシアチブによるネットゼロを含む新たなGHG排出削減目標への適合を宣言するコミットメントレターを提出しました。これにより，当社グループはSBTイニシアチブより認定を受けている気温上昇を1.5℃に抑えるGHG排出削減目標の取組みをさらに加速させるため，ネットゼロ基準に沿って目標と戦略の見直しを行っています。

（ⅰ）　目標

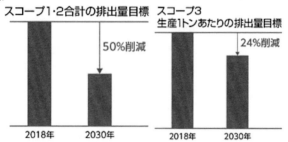

　スコープ1・2合計のGHG排出量については，2030年度に2018年度比で50％削減を目標（総量目標）としています。

　スコープ3の生産1トンあたりのGHG排出量（GHG排出原単位）については，2030年度に2018年度比で24％削減としている目標（原単位目標）の見直しを行います。

(point) 財政状態，経営成績及びキャッシュ・フローの状況の分析

「事業等の概要」の内容などをこの項目で詳しく説明している場合があるため，この項目も非常に重要。自社が事業を行っている市場は今後も成長するのか，それは世界のどの地域なのか，今社会の流れはどうなっていて，それに対して売上を伸ばすために何をしているのか，収益を左右する費用はなにか，などとても有益な情報が多い。

（ ii ） 2022年度実績

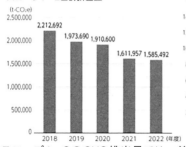

スコープ1・2合計排出量

(t-CO₂e)

- 2018: 2,212,692
- 2019: 1,973,690
- 2020: 1,910,600
- 2021: 1,611,957
- 2022: 1,585,492

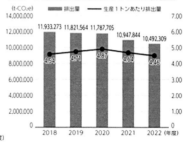

スコープ3排出量及び生産1トンあたり排出量

(t-CO₂e) ■排出量 ―生産1トンあたり排出量

- 2018: 11,933,273 / 4.64
- 2019: 11,821,564 / 4.71
- 2020: 11,787,705 / 4.87
- 2021: 10,947,844 / 4.64
- 2022: 10,492,309 / 4.46

　スコープ1・2のGHG排出量では，前年度比およそ26,000t-CO2e減，基準年である2018年度に対して28％減と，2021年度から微減となりました。都市ガス供給不安定のため自家発電量が減り，買電量が増加した事業所があったものの，ペルーにおける再エネ電力発電所との直接契約や当社・東海事業所における再エネ証書調達による打ち返し策により，微減となりました。また，2030年度のGHG排出量目標（2018年比△50％）に対しては，現時点での計画によりおよそ8割の達成目途が見えていますが，一層の排出量削減に向け，更なる削減活動を検討してまいります。

　スコープ3のGHG排出原単位では，前年度比およそ4％減少し，基準年である2018年度に対しおよそ2％減少となりました。味の素AGF社の「ブレンディ®」ボトルコーヒーの製造・販売をサントリー食品インターナショナル（株）へ承継したことが削減の主な原因です。2023年度は，スコープ3の原料サプライヤーとの協働のトライアルを行う予定です。サ

　プライヤー含めた外部との連携を今後加速し，GHG排出量の削減に向けて取組みを進めてまいります。

（iii） 目標達成に向けた取組み

　スコープ1・2の目標を達成するための施策として，省エネルギー活動やGHG発生の少ない燃料への転換，バイオマスや太陽光等の再生可能エネルギー利用，エネルギー使用量を削減するプロセスの導入を進めています（化石燃料からバイオマス燃料への転換の検討，中国及び当社・九州事業所における再エネ証書の調達など）。

スコープ3については，製品ライフサイクル全体のGHG総排出量の約60％を原材料が占めていることから，原料サプライヤーへのGHG削減の働きかけや，アンモニアのオンサイト生産等の新技術導入に向けた検討を進めています。

＜味の素グループの人的資本に対する考え方＞

当社グループは経営戦略の実現にあたり，4つの無形資産（技術・人財・顧客・組織）が重要であると考えています。特に無形資産全体の価値を高める源泉であり，技術と顧客をマッチングさせイノベーションを生み出す人財資産の重要性は高いと考えています。また，志（パーパス）の実現に向けた主たる課題は下記と考えています。

- ・味の素グループ全体で共有する価値観や志の更なる浸透
- ・食品とアミノサイエンス，地域，ジェンダー，キャリア等を融合するダイバーシティ・エクイティ＆インクルージョンの考え方の下，クロスセクショナルチームの取組みを推進し，イノベーションを共創する力の強化
- ・創業以来，大切にしている価値観の一つである開拓者精神（新しい事業，新市場の開拓に常に挑戦し続ける精神）の強化

（1）　人財育成方針 ……………………………………………………………

志に共感する仲間が集い，対話を通じた“志の醸成と共感”の促進に加え，“多様性”と“挑戦”を加速することでイノベーションを共創し，継続的に人財資産を強化します（人財投資額（＊7）：2022年度約100億円／23-30年累計1,000億円以上）。当社グループは従業員のエンゲージメントが企業価値を高める重要な要素と位置付け，従業員エンゲージメントスコア（＊8）の向上を推進します（実績：2022年度62％，目標：2025年度80％／2030年度85％）。また，従業員のWell-beingは人財資産の強化を支える基盤と考え，健康増進や資産形成等，広い観点で従業員のWell-being向上にも取り組みます。

＊7　機会投資含む金額
＊8　測定方法を，「ASV自分ごと化」の1設問から，より実態を把握できる「ASV実現プロセス」の9設問の平均値（2022年度実績：75％）へと2023年度スコアから変更します。

(point) **新興国市場開拓者として強みを発揮**

家庭用リテール向けのコンシューマー事業では，「味の素」と風味調味料が売上の半分以上を占めている。そのほかは即席麺などの加工食品や飲料だ。収益源となる国は，タイが最大，次にブラジル，東南アジア各国，西アフリカなど，新興国が中心。「味の素」や風味調味料は単価の安い生活必需品になりつつあり，経済環境の変化に関わ

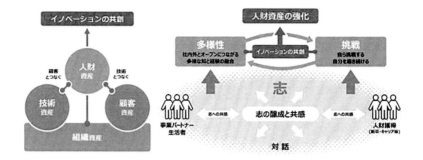

(2) 人財に係るマネジメント体制 ···

　当社グループは各国・地域の多様な人財を横断的に育成・登用し，人財の適所適財を実現するための基盤として，グローバル人財マネジメントシステムを導入しています。本システムは基幹ポストと基幹人財を可視化する仕組み（ポジションマネジメント×タレントマネジメント）から構成されています。

　また，グローバル人財マネジメントシステムや人財資産の強化に係る各種施策等の円滑な運営を目的に，経営会議の下部機構として，最高経営責任者を委員長とし，経営会議メンバーで構成される人財委員会EX及び人財委員会を設置し，2022年度実績で全6回の議論を行っています。特に人財パイプラインの構築という観点では，指名委員会との連動も踏まえたグローバルでの重要ポジションのサクセッションプラン作成，さらに先を見据えた次世代リーダー層の人財プール等を形成，戦略的な育成や登用を強化しています。

　らず，強い売上成長を遂げている。味の素は1960年代後半から1970年代にかけて東南アジアやブラジルで先駆的メーカーとして調味料市場を開拓，強いブランド力で高シェアを維持している。

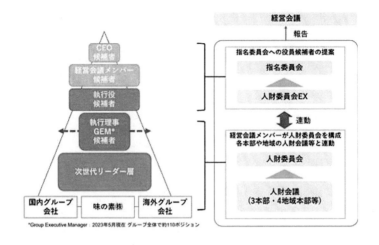

*Group Executive Manager：2023年5月現在 グループ全体で約110ポジション

(3) 志の醸成と共感 ……………………………………………………………

　当社グループは「アミノサイエンス®で人・社会・地球のWell-beingに貢献する」という志（パーパス）の実現に向けたマネジメントサイクル標準化による志の醸成と共感の促進，各取組みの結果として現れるエンゲージメント向上に向けた取組みを組織的に推進しています。

(point) 設備投資等の概要

　セグメントごとの設備投資額を公開している。多くの企業にとって設備投資は競争力向上・維持のために必要不可欠だ。企業は売上の数％など一定の水準を設定して毎年設備への投資を行う。半導体などのテクノロジー関連企業は装置産業であり，技術発展がスピードが速いため，常に多額の設備投資を行う宿命にある。

ASV マネジメントサイクル

モニタリング・改善

理解
納得
↓
共感
共鳴
↓
実行
実現
プロセス
↓
成果
創出

個人

組織

「ASV実現プロセス」

プロセス	意味合い・重要性
志への共感	ASV実現の大前提
顧客志向	顧客・社会課題起点での思考
ASV自分ごと化	自らの熱意がチャレンジの原動力
チャレンジの奨励	チャレンジする姿勢の評価、失敗の許容
インクルージョンによる共創	多様な人財を活かし、社内外とのフラットな対話・議論によるイノベーションの風土醸成
生産性向上	オペレーションの効率化、スピーディな判断によりイノベーション創出に向け余力創出が必要
イノベーション創出	未解決の社会課題解決には、新たな挑戦によるイノベーションが必須
社会・経済価値の創出	より大きな社会・経済価値につながる成果創出

エンゲージメントと業績の関係解析 (過去4回のエンゲージメントサーベイ結果から)

「志への共感」「顧客志向」「生産性向上」が一人当たりの売上高・事業利益に相関
エンゲージメントサーベイを成果創出につながる人財・組織マネジメントに活用

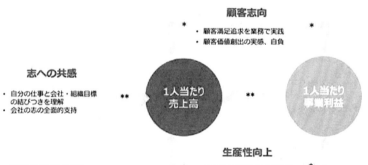

顧客志向
* 顧客満足追求を業務で実践
* 顧客価値創出の実感、自負

志への共感
* 自分の仕事と会社・組織目標の結びつきを理解
* 会社の志の全面的支持

1人当たり売上高

1人当たり事業利益

生産性向上
* 継続的な業務プロセスの効率化
* 必要以上の承認プロセスがない

*相関関係は95%で統計有意
**99%で有意

(point) **主要な設備の状況**

「設備投資等の概要」では各セグメントの1年間の設備投資金額のみの掲載だが、ここではより詳細に、現在セグメント別、または各子会社が保有している土地、建物、機械装置の金額が合計でどれくらいなのか知ることができる。

CEO対話／本部長対話	当社の全組織や主要関係会社の従業員とCEOや本部長が直接対話する機会を設定し、会社の志の浸透を進めています。 (2022年度実績：CEO対話：63回　本部長対話：67回)
個人目標発表会	各従業員が会社の志と自身の志や業務との接点を考え、1年間の自身の目標を発表する会をグローバルで実施しています。 (2022年度実施：主要G会社含む29社で実施)
ASVアワード	2016年からASVを体現した秀逸な事例の表彰を実施。また受賞した事例をグローバルで共有することで、ASVの理解浸透を進めています。今後は更に社外関係者等を含むステークホルダーの方々とのコミュニケーションに活用し、志の共感を広げていきます。 (詳細は当社HP：https://story.ajinomoto.co.jp/report/082.html)
エンゲージメントサーベイ	2017年よりグローバルで全社員に対するエンゲージメントサーベイを実施しています。ASV理解・納得から組織としての成果創出までの各プロセス（ASV実現プロセス）とそれに付随する設問やスコアの可視化に加え、各社・各組織に専門担当者を設定することで、各社・各組織の課題を明らかにし、適切な対策検討と実行が行われる体制を構築しています。また、過去のエンゲージメントサーベイのスコア結果から「志への共感」「顧客志向」「生産性向上」の項目については1人あたりの売上高と事業利益に正の相関があることが分かっています。

（4）多様性 ....

　性別，年齢，国籍，障がいの有無，経験等によらず，社員一人ひとりが互いに尊重し合い活躍する会社となり，社内外の多様な「個人」が集い，「組織」が多様な個の強みを活かして共成長し，未来に向けた継続的なイノベーションを創出するというダイバーシティ・エクイティ＆インクルージョンがイノベーションの創出には不可欠であると考えています。

リーダーシップ層（＊9）の多様化	執行役、事業部長や各組織の長等の重要ポジションの多様化を加速。2030年までに多様性（＊10）を持った人財の構成比30%を目指します。（2023年3月末時点：16%）
女性の登用・活躍推進	グループ全体で27%（2023年3月末時点）の女性管理職比率を、2030年を目途に40%まで向上することを目指します。特に比率の低い日本では、女性のキャリア形成機会を提供するAjiPannaアカデミー等を通じ、女性管理職候補者や現在の女性管理職のサポートを行い、2030年までに30%の達成を目指します。（当社は2019年より「30% Club Japan」に参画しています） 30% Club GROWTH THROUGH DIVERSITY
キャリア採用	高度なスキルや新規事業立上げの知見等を有する人財を中心にキャリア採用を拡大。事業状況に応じて、最適な構成比を目指します。 2022年度実績：当社の年間採用数のうちキャリア採用者の構成比33% 2023-24年予定：当社の年間採用数のうちキャリア採用者の構成比約50%

＊9　執行役及び事業部長や組織長，それに準ずる重要なポジション
＊10　多様性：ジェンダー・国籍・所属籍等

(point) **高付加価値の海外食品に優先投資**

　味の素の設備投資は06/3期の800億円水準をピークに効率化されてきている。また投資対象も，ビジネスモデルが差別化しにくく利益率が低いコモディティ偏重から，より付加価値の高い事業に変化してきた。飼料用アミノ酸や加工用うまみ調味料などのバルク事業がコモディティ代表。高付加価値代表である海外食品の量産投資に重点。

（5） 挑戦 ·····

当社グループは多様な人財一人ひとりが持てる能力を最大限に発揮し，志の実現に向けて自律的に挑戦することが組織と個人の共成長には不可欠であると考えています。

手挙げでの異動・プロジェクト参加	手挙げによる部門異動や複数部門での横断プロジェクトへの参画を加速。2022年度から当社では社内公募による異動を本格化。事業状況等も踏まえながら手挙げ文化の醸成を推進します。
ネットワーク型の働き方	ビジョン・志への共感と信頼をベースに，自身の資格や専門性を活かした貢献や社外とのプロジェクト参加等，柔軟な方法で価値創出する機会提供を推進しています。 （例：栄養リテラシー教育コンテンツ作成，キャリアアドバイザー，タイにおける産官学含む約40団体との連携プロジェクト等）
自律的な成長の支援	協業先や外部研究機関，MBAや専門大学院への派遣等 （例：一橋大学，国際大学，スタンフォード大学等）
A-STARTERS（新規事業創出プロジェクト）	当社及び国内の主要グループ会社の従業員を対象に，新規事業立ち上げを望む社員を公募・選抜し，新規ビジネスプランの事業化を推進しています。2020年度からスタートし，2022年度は51件の応募があり，採択されたアイデアは事業化に向けた検討を推進しています。
1 on 1（対話）を通じた支援	当社では各従業員の志の実現や挑戦を支援すべく，1 on 1での対話を大切にしています。特に自身のキャリア実現に向けて，上司と毎年約1時間のキャリア面談や半期毎のフィードバック面談（1時間程度）を1980年代から実施しており，1 on 1での対話は当社の人財育成の基盤となっています。また，質の向上という観点で全管理職に対してコーチング研修を実施予定です（当社：2023年度実施予定）

（6） Well-beingに関する取組み ·····

当社グループは従業員のWell-beingは人財資産の基盤と考えており，健康や資産形成等の観点からもWell-beingの醸成を促進します。

健康経営	当社では従業員のセルフケアの向上と健康寿命延伸に向けて，年1回，産業医・保健スタッフが日本で勤務する全ての従業員（パート社員含む）と面談を実施（国内グループ会社は隔年1回）。健康診断やストレスチェックの結果等を踏まえた保健指導を実施しています。また，休業中の従業員を対象に独自の「メンタルヘルス回復プログラム」を導入しており，休業開始から職場復帰までの継続サポート等も実施しています。
資産形成	外部専門家とも連携し，自社の制度や施策を踏まえた資産リテラシー教育プログラムを年間通じて従業員に提供（のべ約2,800名が受講）。無料でファイナンシャルプランナーとの個別相談（任意）の機会提供も行い，従業員の資産形成に対する施策も実施しています。 また，従業員一人ひとりが中期視点での企業価値向上サイクルへの参画意識の向上と共に自律的な資産形成の観点で持株会に関する取組みも推進しています。（当社＋国内グループ会社の計20社の加入率：71%（*11））

＊11　2023年5月時点

(point) **設備の新設，除却等の計画**

ここでは今後，会社がどの程度の設備投資を計画しているか知ることができる。毎期どれくらいの設備投資を行っているか確認すると，技術等での競争力維持に積極的な姿勢かどうか，どのセグメントを重要視しているか分かる。また景気が悪化したときは設備投資額を減らす傾向にある。

（7）　人的資本経営に関係する外部機関等からの評価 ·····························

健康経営優良法人2023 （大規模法人部門～ホワイト500～）	令和4年度「なでしこ銘柄」	PRIDE指標2022（ゴールド）
	NADE SHI KO 2023 BRAND	
認定歴：2017～2023年 連続認定	選定歴：2016年、2017年、2021年、2022年（2019年、2020年「準なでしこ」に選定）	認定歴：2020～2022年 連続認定

　味の素グループの人的資本に対する考え方は，志の実現に向けた人財資産強化のストーリーであり，戦略，指標及び目標について区分することが困難であるため，一体的な文章で記載しています。

3　事業等のリスク

　当社グループは，マクロの環境変化や，発生の蓋然性（高・中・低），影響の大きさ（大・中・小）などを総合的に勘案して，組織横断的な管理が必要なグループ全体のリスクと機会を特定しており，その内容は以下のとおりです。

　当社グループではこのような経営及び事業リスクを最小化するとともに，これらを機会として活かすための様々な対応及び仕組み作りを行っておりますが，以下はすべてのリスクを網羅したものではなく，現時点では予見出来ない又は重要と見なされていないリスクの影響を将来的に受ける可能性があります。

　また，文中の将来に関する事項は，当連結会計年度末現在において当社グループが判断したものです。なお，以下の表においては，●をリスク，○を機会として記載しております。

---

point 株式の総数等

　発行可能株式総数とは，会社が発行することができる株式の総数のことを指す。役員会では，株主総会の了承を得ないで，必要に応じてその株数まで，株を発行することができる。敵対的TOBでは，経営陣が，自社をサポートしてくれる側に，新株を第三者割り当てで発行して，買収を防止することがある。

（1） 財務に関わるリスクと機会

主要なリスクと機会		蓋然性	影響度	総合評価	前年比較	味の素グループの主な取り組み
減損	●買収した子会社等の事業計画未達 ●金利の急激な上昇	高	小	注視	→	・企業提携等審議会や経営会議等における買収価格の適切性に関する審議 ・買収後のシナジー実現に向けたフォローアップやマクロ経済環境の定期的なモニタリング
資金調達	●金融危機による資金の枯渇 ●格付けの低下 ●各種リスク要因により計画を達成できないことで生じる追加の資金調達などのリスク発生、格付けの悪化 ●主に新興国における流通量低下等によるUSD等主要通貨の調達難リスク	中	中	重要	→	・資金調達方法先及び期間の適度な分散 ・財務体質の維持・強化 ・各種リスク要因の適時の分析と対応 ・最新の情報に基づく適時の計画の見直し ・グループ各社での流動化等活用促進 ・グローバル・プーリングの活用（ノーショナルプーリング他） ・USD建コミットメントラインの維持 ・各種資金使途に柔軟に対応できる地域別CMSの運営 ・一部新興国の経済指標等の定期的モニタリングと金融機関との密な情報交換 ・外貨調達の多様化
得意先の経営破綻	●海外を含めた予期せぬ得意先の経営破綻の発生	高	小	注視	→	・情報収集、与信管理等（グループ全体に適用する与信管理ガイドライン作成及びモニタリング）、債権保全
為替・金利変動	●為替・金利の急激な変動による事業収益への影響（海外での事業活動の停滞、海外子会社業績の円貨への換算影響）	高	小	注視	→	・（予定取引における）為替予約の検討 ・借入資金の長期化及び社債の発行、サステナブルファイナンスの活用 ・長期資金については当社での調達集中 ・外貨調達の多様化
インフレーション	●原燃料コストの上昇による収益の悪化 ○製品価格の適正化を通じた収益の改善	中	大	極めて重要		・主要原燃料のモニタリング ・製品価格への適時の反映 ・製品改定 ・コストダウン
カントリーリスク	●収用リスク ●戦争や紛争などの発生リスク	中	中	重要		・進出国の適度な分散
租税制度・繰延税金資産/負債の変動	●○租税制度・繰延税金資産/負債の変動による税負担変動 ●繰延税金資産の取り崩し	高	小	注視		・各国における税制や税務行政の変更への対応策を実施 ・税金及び税務関連費用を最小化する方策又はスキームを立案実行

（2） 味の素グループにとっての重要な事項（マテリアリティ）に関わるリスクと機会

当社は，ありたい姿の実現や長期視点での企業価値向上にむけて，味の素グループにとって重要な事項（マテリアリティ）とそのつながりを整理しました。これは，

(point) **連結財務諸表等**

ここでは主に財務諸表の作成方法についての説明が書かれている。企業は大蔵省が定めた規則に従って財務諸表を作るよう義務付けられている。また金融商品法に従い，作成した財務諸表がどの監査法人によって監査を受けているかも明記されている。

4つのドメインと12の要件から構成され，項目やつながりを意識しながら具体的な取組みやKPI等を今後，経営戦略の一環として測定・開示し，ステークホルダーの皆様と対話をしていきます。

　提出日現在，各マテリアリティに対して当社グループとしてどのように取り組むか，各関係者とともに議論を深めております。当社グループとしての取り組みが定まり次第，四半期報告書をはじめ，各種開示をいたします。

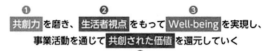

アミノサイエンス®によるWell-being

	主要なリスクと機会	関連する マテリアリティ 要件	蓋然性	影響度	総合評価
アミノサイエンス®	○味の素グループの強みであるアミノサイエンス®を活かした事業成長の機会，および市場におけるモダリティの進化を先取りしアミノサイエンス®で貢献する機会 ●アミノサイエンス®だけでは市場におけるモダリティの進化に対応し切れないリスク	1.1 変革能力	高	高	極めて重要
ブランド	●MSGや甘味料に関するネガティブ情報が拡散され，コーポレートブランドが毀損されるリスク ○地域に根付く強いブランド力を活かした事業成長の機会	1.2 透明性・客観性	高	高	極めて重要
人財	●人財の需給imbalanceにより，イノベーションや事業活動に必要な人財が確保できないというリスク ○当社の志に共感して集う人財が，"多様性"と"挑戦"にフォーカスした積極的な人財投資のもと，共創価値をスケールするという機会	1.1 変革能力 2.1 ホリスティック＆インクルーシブ視点 3.1 ヒューマン・ウェルビーイング 3.2 コミュニティ・ウェルビーイング 4.3 ソリューションによる価値創造	高	高	極めて重要

(point) **連結財務諸表**

　ここでは貸借対照表（またはバランスシート，BS），損益計算書（PL），キャッシュフロー計算書の詳細を調べることができる。あまり会計に詳しくない場合は，最低限，損益計算書の売上と営業利益を見ておけばよい。可能ならば，その数字が過去5年，10年の間にどのように変化しているか調べると会社への理解が深まるだろう。

	主要なリスクと機会	関連する マテリアリティ 要件	蓋然性	影響度	総合評価
非財務データの収集・定量化	○技術革新により、従来測定・分析できなかった非財務データの収集が可能になり、機会を評価できる定量化メソッド開発へと貢献し、効果的なスタンダード作りと展開に参加しやすくなるという機会 ●社会価値の評価・測定の水準（社会要請）の高まりに対応が遅れ、事業機会を逃すリスク	1.2 透明性・客観性	高	高	極めて重要

	主要なリスクと機会	関連する マテリアリティ 要件	蓋然性	影響度	総合評価
SDGsネイティブ世代の台頭、SNS普及、未来志向	●若者に見放され事業成長が抑制されるリスクや「おいしさ」が食の重要な要素ではなくなるリスク ○フードシステム上に存在する他企業・機関とのサステナブルなソリューション共創の機運が高まり、リジェネラティブなフードシステム実現のためのエコシステム構築が容易になるという機会	2.3 未来世代の視点 3.3 地球のウェルビーイング 4.3 ソリューションによる価値創造	高	高	極めて重要
気候変動、資源枯渇	●気候変動の環境影響や動物資源枯渇課題（プロテインクライシス等）の顕在化により地球全体のサステナビリティが確保できなくなり、原材料の調達ならびに生活者への食の提供、事業継続が困難になるというリスク、およびリジェネラティブなフードシステムの実現が困難になるというリスク	1.3 共同力 3.1 ヒューマン・ウェルビーイング 3.3 地球のウェルビーイング 4.1 健幸寿命 4.3 ソリューションによる価値創造	高	高	極めて重要
技術革新（フード・農業・環境・デジタル分野）	○リジェネラティブなフードシステムを実現するソリューションの選択肢の幅がひろがるという機会、高栄養価の農作物など健康的なライフスタイルに資する技術が普及するという機会、またデジタル化やAI技術導入により広範囲にバリューチェーンを形成しやすくなるという機会 ●食を取り巻くテクノロジーの進化（調理自動化、培養肉など）への対応遅れが事業成長を抑制したり事業機会を損失するリスク	1.2 透明性・客観性 2.3 未来世代の視点 3.2 コミュニティー・ウェルビーイング 3.3 地球のウェルビーイング 4.1 健幸寿命 4.2 コー・ウェルビーイング 4.3 ソリューションによる価値創造	高	高	重要
サステナビリティ消費・習慣	●サステナビリティ消費・習慣の一般化により、サステナビリティに関する取り組みが経済価値に転嫁できず投資・コストを吸収できないリスクや日々進化を続けるサステナビリティやグリーン化に係る技術が先行し、地域によって生活者や社会の受容性に遅れが生じるリスク	1.1 変革能力 2.1 ホリスティック&インクルーシブ視点 2.2 地域コミュニティー視点 3.1 ヒューマン・ウェルビーイング 3.2 コミュニティー・ウェルビーイング 3.3 地球のウェルビーイング 4.3 ソリューションによる価値創造	高	中	重要
人口増加、途上国への資本流入	○世界人口増加や公的機関による途上国への資本の流入の促進により健康・栄養をベースにしたソリューションの需要が高まるという機会やヘルスケア市場が大きく拡大する機会、新興国も含めたソリューション共創が促進される機会	2.3 未来世代の視点 4.1 健幸寿命 4.2 コー・ウェルビーイング 4.3 ソリューションによる価値創造	高	中	重要

	主要なリスクと機会	関連するマテリアリティ要件	蓋然性	影響度	総合評価
法規制	●法規制の整備や一部地域で再生可能エネルギーの選択肢を選べず事業継続が困難となるリスク ○フードシステムのレジリエンス向上に関連する法規制に適切に対応することで生まれる事業機会	1.1 変革能力 1.3 共同力 3.1 ヒューマン・ウェルビーイング 3.3 地球のウェルビーイング 4.2 コー・ウェルビーイング	高	中	重要
ガバナンス	●コンプライアンス違反や品質・安全管理の不備等により基盤リスクマネジメントが疎かになることによる事業継続リスク ○当社らしい安全・品質・環境マネジメント活動の継続によりステークホルダーからの信頼が蓄積されることで生まれる機会	1.2 透明性・客観性 2.2 地域コミュニティー視点 3.1 ヒューマン・ウェルビーイング	中	中	重要

	主要なリスクと機会	関連するマテリアリティ要件	蓋然性	影響度	総合評価
パンデミック、紛争	●パンデミックやウクライナ侵攻等に伴う物資の不足によりイノベーションの推進や事業活動が困難となるリスク、および紛争・貿易戦争等により国をまたぐ情報共有が制限され、全社および事業戦略の浸透や開発が滞るリスク	1.1 変革能力 1.3 共同力 2.2 地域コミュニティー視点 3.1 ヒューマン・ウェルビーイング 3.2 コミュニティー・ウェルビーイング 4.1 健幸寿命 4.2 コー・ウェルビーイング 4.3 ソリューションによる価値創造	高	高	重要
テロリズム・クーデター	●テロリズム・クーデターにより現地幹部・駐在員が拘束されるリスクや特定国の事業活動が継続できなくなるリスク	1.1 変革能力 1.3 共同力 2.2 地域コミュニティー視点 4.2 コー・ウェルビーイング	低	高	重要
ITセキュリティ、知的財産	●ナレッジマネジメントの不備や急速な技術革新により戦略・重要機密などが漏洩・紛失されるリスクやサイバー犯罪のターゲットとなりセキュリティが脆弱化するリスク ○グローバル視点での知的財産ポートフォリオの構築をはじめとする知的財産戦略の強化により、さらなる競争優位性と事業成長を後押しする機会	1.1 変革能力 1.2 透明性・客観性	高	中	重要

業績等の概要

当社グループは，IFRSの適用に当たり，投資家，取締役会及び経営会議が各事業の恒常的な業績や将来の見通しを把握すること，取締役会及び経営会議が継続的に事業ポートフォリオを評価することを目的として，「事業利益」という段階利益を導入しております。当該「事業利益」は，「売上高」から「売上原価」，「販売費」，「研究開発費」及び「一般管理費」を控除し，「持分法による損益」を加えたものであり，「その他の営業収益」及び「その他の営業費用」を含まない段階利益です。

なお，文中の将来に関する事項は，当連結会計年度末現在において判断したものです。

（1）経営者の視点による経営成績等の状況に関する分析・検討内容 ‥‥‥‥‥

2020年度から2022年度までは，再成長に向けた構造改革のフェーズと位置付けて，ROICの向上と着実なオーガニック成長，コア事業への集中，アセットライトの推進に重点的に取り組んできました。

WACC（加重平均資本コスト）を上回るROICの改善に向けては，味の素グループの経営と現場が一体となって，「成長性」と「効率性」の2つの軸で経営資源の最適配分を行い，収益性の持続的な向上と現有資産の効率的な活用を現場で実行して参りました。また，重点事業への集中とアセットライトの推進により，約1,300億円規模の事業資産の圧縮や，約800億円規模のリソースアロケーション，政策保有株の売却を行ってきました。この結果，当初目標としていた2022年度までの構造改革をほぼ計画通り終え，今後は成長力強化に向けた財務戦略に移行していきます。

2030年のありたい姿の実現に向けた3つの方針

①　事業戦略と資本戦略の適合による，企業価値最大化のためのキャッシュ・アロケーション方針

②　株主価値の継続的な向上に向けたマネジメント方針

③　株主還元の継続的な強化方針

【企業価値の算定式】

企業価値 ＝ $\dfrac{\text{着実なキャッシュ・フロー創出}\ \uparrow}{\text{資本コスト (WACC)}\ \downarrow\ -\ \text{成長率}\ \uparrow}$ with スピードアップ × スケールアップ

① 事業戦略と資本戦略の適合による，企業価値最大化のためのキャッシュ・アロケーション方針

・成長投資・M&Aの投資を最優先

　キャッシュ・アロケーションについては，WACCを上回る投資として重点事業のオーガニック成長力を強化する投資を最優先します。加えて，ビジネスモデル変革（BMX）でシフトする4成長領域（ヘルスケア，フード＆ウェルネス，ICT，グリーン）での成長を加速する投資に集中し，味の素グループ全体の成長力を向上します。更に，既存事業の非連続成長や新規事業領域創出を実現するためのM&A投資も積極的に検討・実施していきます。

・ネットD（＊1）/Eレシオ30～50％の範囲内で機動的な株主還元

　事業成長力強化に必要な投資を行ったうえで，営業キャッシュ・フローに余力がある場合，ネットD/Eレシオ30～50％の範囲内で，新たな方針による機動的な株主還元を行っていきます。なお，直近のネットD/Eレシオはこの範囲の下限で推移していますが，中期的にはこの上限に上げ，収益力の拡大とキャッシュ創出力の更なる向上で，格付を維持させていきます。

＊1　有利子負債-現預金×75％

【キャッシュ・アロケーションの考え方】

【ネットD/Eレシオの推移】

② 株主価値の継続的な向上に向けたマネジメント方針

・ローリングフォーキャストによる，継続的かつ確かな事業成長

業績見通しをタイムリーに更新し，業績動向の把握から打ち手の検討，その効果の確認に至る一連のプロセスであるローリングフォーキャストを通じ，継続的な事業の成長を確かなものにしていきます。また，業績のリスクとなる原燃料・物流費高騰に対してTDC（＊2）マージンのモニタリングを強化するなど，事業環境に応じたKPIを設定しています。これらの取り組み浸透の自分事化を目的として，当社決算の概要や株価形成に関する従業員へのリテラシー向上施策も実施しております。

＊2　TotalDeliveredCost/物流費を含めたトータル・コスト

・実効税率のマネジメント方針

味の素グループでは，事業を展開する各国法定実効税率のミックスや配当に伴う税金負担等を総合的に考慮して，グループ標準税率を27％（2023年度）と設定しています。また，グローバルでの税務リスクモニタリング，サステナビリティ投資における税務恩典の活用等で，実効税率の低減を進めていきます。

・資本・資産効率の向上（機動的な自己株式取得，現預金の圧縮）

機動的な自己株式取得の継続で，EPSの分母である発行済株式総数を継続的に圧縮し，ROICの向上，ひいてはそれを上回るROEの実現に繋げます。並行して，手元現預金の水準を最小化して，余資を成長投資や株主還元に活用していきます。

・WACC（加重平均資本コスト）の低減

味の素グループの企業価値算定式の重要な要素であるWACCを低減させるため，様々な施策に取組んでいます。具体的には，ローリングフォーキャスト推進による業績の安定化，サステナブルファイナンス活用による調達コストの低減，ネットD/Eレシオのレンジ内上限への変更，個人株主の比率拡大による相対的な株価安定化等が挙げられます。なお，2023年度の全社トータルのWACCは6％です。

WACC上昇要因と低下のための施策

③ 株主還元の継続的な強化方針

・累進配当政策の導入

累進配当とは，業績が一時的に悪化した場合でも現状の一株あたり配当金を維持することを指します。2023年度以降は減配せず，増配又は配当維持の方針とします。

・ノーマライズドEPSに基づく配当の導入

減損損失の計上等，非定常的な利益変動の影響を受けにくい事業利益をベースとする考え方を導入し，「ノーマライズドEPSに基づく配当」と呼ぶことにしました。この新たな配当金額算定式は，事業利益に味の素グループ標準税率27％（2023年度）を加味し，還元係数は35％としています。この算定式によって算出した過去の配当理論値と，実際の配当を比べてみると，より強化されて魅力的な配当額となることが分かります。事業利益を着実に増加させ，今後もさらなる増配を図ります。

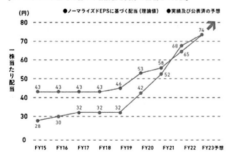

[ノーマライズドEPSに基づく理論値と実際の配当との比較]

・機動的な自己株式取得の継続，総還元性向50%～の方針維持

　総還元性向50%～（対当期純利益）はこれからも継続します。また，自己株式取得についても，事業環境，金融環境，資本効率，株価水準等を勘案し，機動的かつ積極的に実施してEPSの向上につなげていきます。

※当社は「ノーマライズドEPSに基づく配当」を以下の通り定めます。

$$\text{ノーマライズドEPSに基づく配当} = \frac{\text{事業利益} \times (1 - \text{味の素グループ標準税率})}{\text{発行済株式総数}} \times 35\%_{\text{（還元性向）}}$$

・自己株式保有方針の明確化

　当社では4つの成長領域への投資を加速し，成長へとシフトする方針ですが，投資の源泉の多様性をはかるため，及び持続的な企業価値向上を目的とした従業員への株式報酬を検討するため等の理由から，発行済株式総数の1%程度を上限に，取得した自己株式を保有する方針としております。

④　その他
・予測できない急激な環境変化への対応

　原燃料価格や為替レートの急激な変化，また金利や資金調達環境等の金融環境変化に対応し，安定的に事業継続していくために財務資本戦略を強化しています。

調達種類別有利子負債残高（リース負債除く）の内訳（2023年3月末）

有利子負債残高 2,885億円　金利構成

短期借入金 125億円
1年内返済予定の社債 199億円
1年内返済予定の長期借入金 167億円
社債 1,196億円
長期借入金 1,195億円
その他 売上債権流動化を一部実施

変動金利14%
固定金利86%
平均残余年数 長期有利子負債 残余年数6.6年

1)　グローバルでの各地域内，地域間で資金を有効活用するためのキャッシュマネジメントの仕組みの整備
2)　社債，コマーシャル・ペーパー，金融機関借入，売上債権流動化等調達手段の多様化と期日の分散，及びこれをバックアップする円貨，外貨のコミットメントラインの整備
3)　長期かつ固定金利での資金調達の志向
4)　適切な為替ヘッジ等を実施するためのグループポリシー，ガイドラインの整備

(2) 生産，受注及び販売の実績 ···

　当社グループの生産・販売品目は広範囲かつ多種多様であり，同種の製品であっても，その形態，単位等は必ずしも一様ではなく，また製品のグループ内使用（製品を他のセグメントの原材料として使用）や，受注生産形態をとる製品が少ないため，セグメントごとに生産規模及び受注規模を金額あるいは数量で示すことはしておりません。

　このため生産，受注及び販売の実績は，「(4) 当連結会計年度の経営成績の分析」における各セグメント業績に関連付けて示しております。

(3) 重要な会計方針及び見積り ···

　当社グループの連結財務諸表は，IFRSに基づき作成されております。詳細は，「第5経理の状況1連結財務諸表等 (1) 連結財務諸表」に記載しております。この連結財務諸表の作成に当たって必要な見積りは，合理的な基準に基づいて実施しております。　なお，当社グループの連結財務諸表で採用する重要な会計方針，会計上の見積り及び当該見積りに用いた仮定については，「第5経理の状況1連結財務諸表等 (1) 連結財務諸表連結財務諸表注記3.重要な会計方針」及び同「5.重要な会計上の判断，見積り及び仮定」に記載しております。

(4) 当連結会計年度の経営成績の分析 ···

　当連結会計年度の売上高は，換算為替の影響に加え，調味料・食品セグメント，冷凍食品セグメント及びヘルスケア等セグメントいずれも増収となり，前期を2,097億円上回る1兆3,591億円（前期比118.2%）となりました。

　事業利益は，原材料等のコスト増の影響を受けたものの，換算為替の影響やヘルスケア等セグメントの増収効果等により，前期を144億円上回る1,353億円（前期比111.9%）となりました。

　営業利益は，その他の営業費用で味の素フーズ・ノースアメリカ社に係るのれんについて減損損失の計上等があったものの，その他の営業収益で固定資産（遊休資産）の売却益の計上等があったため，前期を243億円上回る1,489億円（前期比119.6%）となりました。

(point) **アジアの重要拠点ベトナム**

　アジアの中でもベトナムは重要な拠点になっている。ベトナムでは1992年のビエンホア本社工場稼動時に開始されたうま味調味料「味の素」生産は1999年に全量一貫生産化に移行し，2000年の風味調味料「Aji-ngon」，2010年のメニュー調味料「Aji-Quick」の生産開始と調味料の商品ラインナップが拡充されてきている。売上の9割は，うま

親会社の所有者に帰属する当期利益は，前期を183億円上回る940億円（前期比124.2％）となりました。

当連結会計年度のセグメント別の概況

　セグメントごとの業績は，次のとおりです。

対前期実績	売上高（億円）			事業利益（億円）		
	第145期	前期増減	前期比	第145期	前期増減	前期比
調味料・食品	7,750	1,107	116.7％	829	17	102.1％
冷凍食品	2,672	455	120.5％	2	9	－
ヘルスケア等	2,996	484	119.3％	525	91	121.1％
その他	171	50	141.2％	△4	25	－
合計	13,591	2,097	118.2％	1,353	144	111.9％

（注）　各セグメントの主要製品につきましては，「第5　経理の状況　1　連結財務諸表等　(1)　連結財務諸表　連結財務諸表注記　7．セグメント情報　(1)　報告セグメントの概要」をご参照ください。

① 　調味料・食品セグメント

　調味料・食品セグメントの売上高は，換算為替の影響に加え，海外における単価上昇や販売数量増等により，前期を1,107億円上回る7,750億円（前期比116.7％）となりました。事業利益は，原材料等のコスト増の影響があったものの，換算為替の影響や増収効果等により，前期を17億円上回る829億円（前期比102.1％）となりました。

＜主要な変動要因＞
・調味料は，全体で大幅増収。
　日本は，前年の内食需要拡大の反動等により，減収。
　海外は，為替影響に加え，単価上昇，販売数量増により，大幅増収。
・栄養・加工食品は，全体で増収。
　日本は，減収も，コーヒー類の構造改革影響を除くと増収。
　海外は，為替影響に加え，単価上昇，即席麺や飲料等の販売数量増により，大幅増収。
・ソリューション＆イングリディエンツは，加工用うま味調味料の単価上昇や為替影響，外食向け製品の販売増等により，大幅増収。

　味調味料「味の素」と風味調味料「Aji-ngon」であり，風味調味料事業は，市場シェアが約5割になっている。

事業利益(億円)

812　前期比　829
102.1%

第144期　第145期
2022/3　2023/3

＜主要な変動要因＞

・調味料は，全体で減益。

　日本は，原材料等のコスト増や減収の影響等により，大幅減益。

　海外は，原材料等のコスト増影響あるも，増収効果，為替影響等により増益。

・栄養・加工食品は，全体で減益。

　日本は，原材料等のコスト増影響等により，大幅減益。

　海外は，原材料等のコスト増影響あるも，増収効果，為替影響等により大幅増益。

・ソリューション＆イングリディエンツは，原材料等のコスト増影響あるも，増収効果，為替影響等により，全体で大幅増益。

② **冷凍食品セグメント**

　冷凍食品セグメントの売上高は，換算為替の影響や単価上昇等により，前期を455億円上回る2,672億円（前期比120.5%）となりました。事業利益は，原材料等のコスト増の影響があったものの，増収効果や換算為替の影響等により，前期を9億円上回る2億円となりました。

売上高(億円)

2,672
2,217　前期比
120.5%

第144期　第145期
2022/3　2023/3

＜主要な変動要因＞

・冷凍食品は，全体で大幅増収。

　日本は，構造改革の影響あるも，業務用製品の復調や単価上昇等により，前年並み。

　海外は，為替影響や単価上昇等により，大幅増収。

事業利益(億円)

＜主要な変動要因＞

前期比
△6 ── 2
第144期　第145期
2022/3　2023/3

・冷凍食品は，全体で増益。

　日本は，戦略的費用の投入や原材料等のコスト増影響等により，減益。

　海外は，原材料等のコスト増影響あるも，増収効果，為替影響等により，増益。

③ ヘルスケア等セグメント

　ヘルスケア等セグメントの売上高は，バイオファーマサービス＆イングリディエンツ，ファンクショナルマテリアルズ（電子材料等）等の販売増や換算為替の影響等により，前期を484億円上回る2,996億円（前期比119.3％）となりました。事業利益は，増収効果や換算為替の影響等により，前期を91億円上回る525億円（前期比121.1％）となりました。

売上高(億円)
2,996
2,512
前期比
119.3%
第144期 2022/3　第145期 2023/3

事業利益(億円)
525
433
前期比
121.1%
第144期 2022/3　第145期 2023/3

＜主要な変動要因＞
・バイオファーマサービス＆イングリディエンツは，バイオファーマサービス（CDMO），医薬用・食品用アミノ酸の販売増に加え，為替影響により，大幅増収。
・ファンクショナルマテリアルズ（電子材料等）は，主に電子材料の販売増により，大幅増収。
・その他は，為替影響に加え，メディカルフード等の販売増により大幅増収。

＜主要な変動要因＞
・バイオファーマサービス＆イングリディエンツは，大幅増収に伴い，増益。
・ファンクショナルマテリアルズ（電子材料等）は，大幅増収に伴い大幅増益。
・その他は，戦略投資増等により，減益。

④ その他

　その他の事業の売上高は，前期を50億円上回る171億円（前期比141.2％）となり，事業利益は，4億円の損失となりました。

当連結会計年度の連結損益計算書の段階ごとの概況

① 売上高

　売上高は前期を2,097億円上回る1兆3,591億円（前期比118.2％）となりました。地域別に見ますと，日本では，前期を241億円上回る5,099億円（前期比105.0％）となりました。海外では，前期を1,856億円上回る8,491億円（前期比128.0％）となりました。海外の地域別では，アジア，米州及び欧州でそれぞ

れ3,520億円（前期比123.4％），3,539億円（前期比134.8％）及び1,431億円（前期比123.7％）となりました。売上高海外比率は62.5％（前期は57.7％）となりました。なお，売上高は販売元の所在地を基礎とし，国又は地域に分類しております。

② **売上原価，販売費，研究開発費及び一般管理費，持分法による損益**

売上原価は，売上高の増加に伴い，前期から1,652億円増加し，8,887億円（前期比122.8％）となりました。売上原価の売上高に対する比率は，原材料等のコスト増の影響等により，2.4ポイント悪化し，65.4％となりました。販売費は，主として為替影響や海上輸送費の高騰による物流費の増加等により，前期から176億円増加し，1,864億円（前期比110.4％）となりました。研究開発費は，前期から10億円増加し，258億円（前期比104.1％）となりました。一般管理費は，為替影響等により，前期から147億円増加し，1,270億円（前期比113.1％）となりました。持分法による損益は，43億円の利益（前期は9億円の利益）となりました。

③ **事業利益**

事業利益は，前期を144億円上回る1,353億円（前期比111.9％）となりました。地域別に見ますと，日本では560億円（前期比102.7％），海外では793億円（前期比119.5％）となりました。海外の地域別では，アジア，米州及び欧州でそれぞれ514億円（前期比108.4％），183億円（前期比156.9％）及び95億円（前期比132.1％）となりました。事業利益海外比率は58.6％（前期は54.9％）となりました。なお，事業利益は販売元の所在地を基礎とし，国又は地域に分類しております。

セグメント別の事業利益の詳細は，「第5経理の状況1連結財務諸表等（1）連結財務諸表連結財務諸表注記7．セグメント情報」をご参照ください。

④ **その他の営業収益（費用）**

その他の営業収益は，固定資産（遊休資産）の売却益の計上等があったことにより，前期から141億円増加し，409億円（前期比153.0％）となりました。その他の営業費用は，味の素フーズ・ノースアメリカ社に係るのれんについて減損損失の計上等があったことにより，前期から42億円増加し，273億円（前期比

118.4%）となりました。

⑤　**営業利益**

　営業利益は，前期を243億円上回る1,489億円（前期比119.6%）となりました。

⑥　**金融収益（費用）**

　金融収益は，前期から7億円減少し，60億円（前期比88.8%）となりました。金融費用は，前期から60億円増加し，149億円（前期比167.2%）となりました。

⑦　**親会社の所有者に帰属する当期利益**

　親会社の所有者に帰属する当期利益は前期を183億円上回る940億円（前期比124.2%）となり，1株当たり当期利益は175円97銭（前期は139円42銭）となりました。

(5)　当連結会計年度の連結財政状態の分析 ···

　当連結会計年度末の資産合計は，前連結会計年度末の1兆4,570億円に対して546億円増加し，1兆5,117億円となりました。これは主として，原材料価格等の上昇の影響による棚卸資産の増加に加え，円安の進行に伴う換算為替の影響による各資産残高の増加によるものです。

　負債合計は，前連結会計年度末の7,173億円に対して285億円減少し，6,887億円となりました。これは主として，有利子負債の減少によるものです。なお，有利子負債残高は，社債の償還や借入金の返済等により，前連結会計年度末に対して274億円減少し，3,364億円となりました。

　資本合計は，主に円安の進行に伴う在外営業活動体の換算差額の増加により，前連結会計年度末に対して832億円増加しました。資本合計から非支配持分を引いた親会社の所有者に帰属する持分は，7,686億円となり，親会社所有者帰属持分比率は50.8%となりました。

　セグメントごとの概況は，次のとおりです。

①　**調味料・食品セグメント**

　当連結会計年度末の資産合計は，前連結会計年度末の5,971億円に対して31億円増加し，6,003億円となりました。

② 冷凍食品セグメント

当連結会計年度末の資産合計は，前連結会計年度末の1,961億円に対して42億円増加し，2,003億円となりました。

③ ヘルスケア等セグメント

当連結会計年度末の資産合計は，前連結会計年度末の3,035億円に対して338億円増加し，3,373億円となりました。これは主として，為替影響及び設備投資に伴う有形固定資産等の増加によるものです。

(6) キャッシュ・フローの分析 ··

当連結会計年度の連結キャッシュ・フローの状況   (億円)

	2022年3月期	2023年3月期	差額
営業活動によるキャッシュ・フロー	1,455	1,176	△279
投資活動によるキャッシュ・フロー	△615	△300	314
財務活動によるキャッシュ・フロー	△1,230	△1,110	119
現金及び現金同等物に係る換算差額	88	48	△40
現金及び現金同等物の増減額	△301	△186	114
現金及び現金同等物の期末残高	1,514	1,327	△186

営業活動によるキャッシュ・フローは，1,176億円の収入（前期は1,455億円の収入）となりました。税引前当期利益が1,400億円であり，減価償却費及び償却費718億円，棚卸資産の増加416億円や法人所得税の支払額391億円があったこと等によるものです。

投資活動によるキャッシュ・フローは，300億円の支出（前期は615億円の支出）となりました。有形固定資産の取得による支出683億円や有形固定資産の売却による収入402億円があったこと等によるものです。

財務活動によるキャッシュ・フローは，1,110億円の支出（前期は1,230億円の支出）となりました。配当金の支払額316億円，自己株式の取得による支出300億円や社債の償還による支出200億円があったこと等によるものです。

以上の結果，当連結会計年度末における現金及び現金同等物の残高は，1,327億円となりました。

（7） 当連結会計年度の資金の流動性及び資金の調達，使途 ·····················

① 資金の流動性について

　当連結会計年度は短期流動性に関し，手元流動性確保のために，コミットメントライン，当座貸越枠，コマーシャル・ペーパー発行枠等の調達手段を備えております。

　十分な手元流動性比率の維持に加え，主要取引銀行と締結しているコミットメントラインにより資金の安全性を確保しております。当連結会計年度末のコミットメントラインの未使用額は円貨で1,500億円，外貨で100百万米ドルです。さらに，資金流動性リスク等が発生する可能性のある海外連結子会社に対して，当社が緊急貸付枠を設定し，一時的な資金繰りの支援体制を整備しております。

② 資金の調達

　当連結会計年度の資金調達は，調達コストとリスク分散の観点による直接金融と間接金融のバランス及び長期と短期の資金調達のバランスを勘案し，コマーシャル・ペーパー発行等による資金調達活動を行いました。

③ 資金の使途

　当連結会計年度の資金の使途は，主として事業資金です。

（8） 経営上の目標の達成状況について ·································

　経営上の目標の達成状況につきましては，「第2　事業の状況　1　経営方針，経営環境及び対処すべき課題等」に記載しております。

■ 設備の状況

　当社及び連結子会社では，生産部門の合理化及び品質向上を目的とした設備投資のほか，成長が期待できる製品分野への投資を継続的に行っております。

　当連結会計年度の設備投資額の内訳は次のとおりです。

セグメントの名称	設備投資金額（百万円）	主な内容
調味料・食品	29,157	食品生産設備の建設及び増強等
冷凍食品	11,522	食品生産設備の建設及び増強等
ヘルスケア等	24,596	医薬品生産設備の増強等
その他	789	情報設備の更新等
小　計	66,065	－
全社	3,784	情報設備の更新等
合　計	69,850	－

（注）　設備投資金額には，無形資産への投資金額も含まれております。

　　　　なお，当連結会計年度において重要な設備の除却等はありません。

2 主要な設備の状況

当社及び連結子会社における主要な設備は，以下のとおりです。

（1） 提出会社 ・・

2023年3月31日現在

事業所名	セグメントの名称	所在地	設備の内容	帳簿価額（百万円）						従業員数（名）
				建物及び構築物	機械装置及び運搬具	土地（面積千㎡）	使用権資産（面積千㎡）	その他	合計	
川崎事業所各研究所	調味料・食品 冷凍食品 ヘルスケア等 その他	川崎市川崎区	調味料・加工食品製造設備、アミノ酸製造設備、研究開発施設等	32,553	4,025	3,897 (370)	11	3,069	43,556	1,068 (70)
東海事業所	調味料・食品 ヘルスケア等 その他	三重県四日市市	調味料・加工食品製造設備、アミノ酸製造設備等	9,299	7,448	1,104 (238)	55	742	18,649	346 (89)
九州事業所	調味料・食品 ヘルスケア等	佐賀県佐賀市	調味料・加工食品製造設備、アミノ酸製造設備等	4,229	5,700	777 (231)	3,053 (6)	248	14,009	176 (62)
各支社	調味料・食品 冷凍食品	東京都港区他	販売設備他	2,342	13	3,388 (8)	6,781	219	12,745	525 (－)
本社他	調味料・食品 冷凍食品 ヘルスケア等 その他	東京都中央区他	本社ビル、販売設備他	7,289	968	3,057 (62)	5,032 (14)	1,158	17,505	1,220 (－)

（注） 1. 帳簿価額のうち「その他」は，工具器具及び備品であり，建設仮勘定を含んでおりません。

（注） 2. 従業員の（ ）内は臨時従業員数を外数で記載しております。

（注） 3. 使用権資産のうち土地については，土地の面積を外書で記載しております。

(2) 国内子会社

2023年3月31日現在

セグメントの名称	会社名	所在地	設備の内容	帳簿価額（百万円）						従業員数（名）
				建物及び構築物	機械装置及び運搬具	土地（面積千㎡）	使用権資産（面積千㎡）	その他	合計	
調味料・食品 冷凍食品	味の素食品㈱他3社	川崎市 川崎区他	食料品等製造設備等	23,918	48,138	5,484 (310)	11,905 (68)	1,383	90,829	2,289 (3,247)
ヘルスケア等	味の素ファインテクノ㈱	川崎市 川崎区他	電子材料等製造設備等	8,517	1,355	785 (71)	12	1,405	12,076	325 (12)

（注）1. 帳簿価額のうち「その他」は，工具器具及び備品であり，建設仮勘定を含んでおりません。

（注）2. 従業員数の（ ）内は臨時従業員数を外数で記載しております。

（注）3. 使用権資産のうち土地については，土地の面積を外書で記載しております。

(3) 在外子会社

2023年3月31日現在

地域	会社名	セグメントの名称	設備の内容	帳簿価額（百万円）						従業員数（名）
				建物及び構築物	機械装置及び運搬具	土地（面積千㎡）	使用権資産（面積千㎡）	その他	合計	
アジア	タイ味の素社他6社	調味料・食品 冷凍食品 ヘルスケア等 その他	調味料・加工食品製造設備、アミノ酸製造設備等	40,264	61,417	10,907 (5,257)	4,358 (933)	5,823	122,770	8,218 (980)
米州	味の素フーズ・ノースアメリカ社他4社	調味料・食品 冷凍食品 ヘルスケア等	調味料・加工食品製造設備、アミノ酸製造設備等	43,529	36,462	4,269 (10,319)	15,554 (20)	2,042	101,857	8,941 (381)
欧州	味の素オムニケム社他1社	冷凍食品 ヘルスケア等	食品製造設備、医薬用アミノ酸製造設備	4,710	16,233	1,020 (706)	740	693	23,472	1,273 (38)

（注）1. 帳簿価額のうち「その他」は，工具器具及び備品であり，建設仮勘定を含んでおりません。

（注）2. 従業員数の（ ）内は臨時従業員数を外数で記載しております。

（注）3. 使用権資産のうち土地については，土地の面積を外書で記載しております。

3 設備の新設，除却等の計画

（1） 重要な設備の新設，合理化，改修

会社、事業所在地名		セグメントの名称	設備の内容	投資予定額		資金調達方法	着手年月	完了予定年月	完成後の増加能力
				総額（百万円）	既支払額（百万円）				
日本	神奈川県川崎市川崎区	調味料・食品	食品生産設備の増強	6,000	4,844	自己資金	2019年9月	2024年3月	3,000t/y
日本	佐賀県佐賀市諸富町	ヘルスケア等	原動設備の更新	3,774	3,769	自己資金リース	2021年4月	2024年3月	－
日本	群馬県利根郡昭和村	ヘルスケア等	電子材料製造設備の増強	8,300	82	自己資金	2022年11月	2025年以降	－
米州	アメリカ	ヘルスケア等	医薬品生産設備の増強	6,217	6,233	借入	2017年11月	2023年7月	－
米州	アメリカ	ヘルスケア等	アミノ酸生産設備の増強	3,550	674	自己資金	2022年8月	2024年6月	－

（注） 上記の金額は，消費税等を含んでおりません。

（2） 重要な設備の除却等

重要な設備の除却等の計画はありません。

(point) 財務諸表

この項目では，連結ではなく単体の貸借対照表と，損益計算書の内訳を確認することができる。連結＝単体＋子会社なので，会社によっては単体の業績を調べて連結全体の業績予想のヒントにする場合があるが，あまりその必要性がある企業は多くない。

提出会社の状況

1　株式等の状況

（1）　株式の総数等

①　株式の総数

種類	発行可能株式総数（株）
普通株式	1,000,000,000
計	1,000,000,000

②　発行済株式

種類	事業年度末現在発行数（株） （2023年3月31日）	提出日現在発行数（株） （2023年6月27日）	上場金融商品取引所名又は 登録認可金融商品取引業協会名	内容
普通株式	529,798,154	529,798,154	東京証券取引所 プライム市場	単元株式数 100株
計	529,798,154	529,798,154	－	－

1. 連結財務諸表及び財務諸表の作成方法について ·······························

(1) 当社の連結財務諸表は,「連結財務諸表の用語, 様式及び作成方法に関する規則」(昭和51年大蔵省令第28号)第93条の規定により, 国際会計基準(以下「IFRS」という。)に基づいて作成しております。

(2) 当社の財務諸表は,「財務諸表等の用語, 様式及び作成方法に関する規則」(昭和38年大蔵省令第59号。以下「財務諸表等規則」という。)に基づいて作成しております。

　また, 当社は, 特例財務諸表提出会社に該当し, 財務諸表等規則第127条の規定により財務諸表を作成しております。

2. 監査証明について ···

　当社は, 金融商品取引法第193条の2第1項の規定に基づき, 連結会計年度(2022年4月1日から2023年3月31日まで)の連結財務諸表及び事業年度(2022年4月1日から2023年3月31日まで)の財務諸表について, 有限責任あずさ監査法人による監査を受けております。

3. 連結財務諸表等の適正性を確保するための特段の取組み及びIFRSに基づいて連結財務諸表等を適正に作成することができる体制の整備について ·········

　当社は, 連結財務諸表等の適正性を確保するための特段の取組み及びIFRSに基づいて連結財務諸表等を適正に作成することができる体制の整備を行っております。その内容は, 以下のとおりです。

(1) 会計基準の変更等に的確に対応することができる体制を整備するために, IFRSに関する十分な知識を有した従業員を配置するとともに, 公益財団法人財務会計基準機構の組織に加入し, 研修等に参加することによって, 専門知識の蓄積に努めております。

(2) IFRSに基づく適正な連結財務諸表を作成するために, IFRSに準拠した味の素グループ会計方針を作成し, これに基づいて会計処理を行っております。

国際会計基準審議会が公表するプレスリリースや基準書を随時入手し，最新の基準の把握及び当社への影響の検討を行った上で，味の素グループ会計方針の内容の更新を行っております。

1 連結財務諸表等

(1) 連結財務諸表 ···

① 連結財政状態計算書

（単位：百万円）

	注記	前連結会計年度 （2022年3月31日）	当連結会計年度 （2023年3月31日）
資産			
流動資産			
現金及び現金同等物	8, 37	151,454	132,777
売上債権及びその他の債権	9, 37	162,397	163,714
その他の金融資産	37	17,810	12,312
棚卸資産	10	219,356	269,822
未収法人所得税		6,024	12,674
その他の流動資産		24,375	24,235
小計		581,419	615,537
売却目的保有に分類される処分グループに係る資産		–	–
流動資産合計		581,419	615,537
非流動資産			
有形固定資産	11	522,312	536,565
無形資産	12	68,309	65,916
のれん	12	99,839	92,114
持分法で会計処理される投資	16	115,248	119,825
長期金融資産	37	51,864	53,749
繰延税金資産	17	7,017	8,969
その他の非流動資産		11,049	19,056
非流動資産合計		875,641	896,197
資産合計		1,457,060	1,511,734

（単位：百万円）

	注記	前連結会計年度 (2022年3月31日)	当連結会計年度 (2023年3月31日)
負債			
流動負債			
仕入債務及びその他の債務	18, 37	199,908	197,981
短期借入金	19, 37	8,219	12,599
1年内償還予定の社債	19, 37	19,990	19,988
1年内返済予定の長期借入金	19, 37	14,418	16,733
その他の金融負債	14, 37	15,802	11,084
短期従業員給付	22	38,567	42,141
引当金	21	4,486	7,723
未払法人所得税		10,085	15,990
その他の流動負債		13,153	15,402
小計		324,631	339,644
売却目的保有に分類される処分グループに係る負債		–	–
流動負債合計		324,631	339,644
非流動負債			
社債	19, 37	139,631	119,696
長期借入金	19, 37	131,650	119,548
その他の金融負債	14, 37	56,740	54,984
長期従業員給付	22	38,788	26,568
引当金	21	3,708	3,499
繰延税金負債	17	20,945	22,361
その他の非流動負債		1,219	2,461
非流動負債合計		392,684	349,120
負債合計		717,316	688,765
資本			
資本金	23	79,863	79,863
資本剰余金	23	–	–
自己株式	23	△1,371	△1,342
利益剰余金	23	616,286	652,307
その他の資本の構成要素		△7,869	37,848
売却目的保有に分類される処分グループに係るその他の資本の構成要素		–	–
親会社の所有者に帰属する持分		686,909	768,676
非支配持分		52,834	54,292
資本合計		739,744	822,968
負債及び資本合計		1,457,060	1,511,734

② 連結損益計算書及び連結包括利益計算書

連結損益計算書

(単位：百万円)

	注記	前連結会計年度 （自　2021年4月 1日 至　2022年3月31日）	当連結会計年度 （自　2022年4月 1日 至　2023年3月31日）
売上高	7, 26	1,149,370	1,359,115
売上原価		△723,472	△888,727
売上総利益		425,897	470,387
持分法による損益	7, 16	985	4,326
販売費	27	△168,847	△186,488
研究開発費	28	△24,842	△25,867
一般管理費	29	△112,277	△127,017
事業利益	7	120,915	135,341
その他の営業収益	31	26,788	40,983
その他の営業費用	32	△23,132	△27,396
営業利益		124,572	148,928
金融収益	33	6,868	6,099
金融費用	34	△8,968	△14,994
税引前当期利益		122,472	140,033
法人所得税	17	△42,244	△39,863
当期利益		80,228	100,170
当期利益の帰属：			
親会社の所有者		75,725	94,065
非支配持分		4,503	6,104
1株当たり当期利益			
基本的1株当たり当期利益（円）	36	139.42	175.97
希薄化後1株当たり当期利益（円）	36	139.42	175.96

連結包括利益計算書

（単位：百万円）

	注記	前連結会計年度 （自　2021年4月 1日 至　2022年3月31日）	当連結会計年度 （自　2022年4月 1日 至　2023年3月31日）
当期利益		80,228	100,170
その他の包括利益（税効果後）			
純損益に振り替えられることのない項目			
その他の包括利益を通じて測定する 　　金融資産の公正価値の純変動	35	3,828	990
確定給付制度の再測定	22,35	2,202	4,939
持分法適用会社における持分相当額	16,35	△30	214
純損益に振り替えられる可能性のある項目			
キャッシュ・フロー・ヘッジ	35	514	528
ヘッジコスト剰余金	35	49	△97
在外営業活動体の換算差額	35	55,748	44,384
持分法適用会社における持分相当額	16,35	856	△2,092
その他の包括利益（税効果後）	35	63,169	48,866
当期包括利益		143,398	149,036
当期包括利益の帰属：			
親会社の所有者		134,742	140,672
非支配持分		8,656	8,364

③ 連結持分変動計算書

（単位：百万円）

	注記	親会社の所有者に帰属する持分							
						その他の資本の構成要素			
		資本金	資本剰余金	自己株式	利益剰余金	その他の包括利益を通じて測定する金融資産の公正価値の純変動	確定給付制度の再測定	キャッシュ・フロー・ヘッジ	ヘッジコスト剰余金
2021年4月1日期首残高		79,863	–	△1,464	608,031	15,465	△16,367	△2,314	△286
当期利益					75,725				
その他の包括利益	35					3,826	2,359	514	46
当期包括利益		–		–	75,725	3,826	2,359	514	46
自己株式の取得	23			△40,041					
自己株式の処分	23		0	0					
自己株式の消却	23		△39,874	39,874					
配当金	24				△27,316				
非支配持分との取引等			△1,026						
支配が継続している子会社に対する親会社の持分変動	15								
その他の資本の構成要素から利益剰余金への振替	37				629	△629			
その他資本剰余金の負の残高の振替			40,710		△40,710				
非金融資産への振替								△83	
株式報酬取引	25		△76	259					
その他の増減			267		△71				
所有者との取引等合計		–	–	93	△67,470	△629	–	△83	–
2022年3月31日期末残高		79,863	–	△1,371	616,286	18,663	△14,008	△1,883	△240

	注記	親会社の所有者に帰属する持分					非支配持分	合計
		その他の資本の構成要素			売却目的保有に分類される処分グループに係るその他の資本の構成要素	合計		
		在外営業活動体の換算差額	持分法適用会社における持分相当額	合計				
2021年4月1日期首残高		△61,567	△384	△65,454	△718	620,257	47,589	667,846
当期利益				–		75,725	4,503	80,228
その他の包括利益	35	50,723	826	58,297	718	59,016	4,152	63,169
当期包括利益		50,723	826	58,297	718	134,742	8,656	143,398
自己株式の取得	23			–		△40,041		△40,041
自己株式の処分	23			–		0		0
自己株式の消却	23			–		–		
配当金	24			–		△27,316	△3,367	△30,684
非支配持分との取引等				–		△1,026		△1,026
支配が継続している子会社に対する親会社の持分変動	15			–		–		
その他の資本の構成要素から利益剰余金への振替	37			△629		–		–
その他資本剰余金の負の残高の振替				–		–		
非金融資産への振替				△83		△83		△83
株式報酬取引	25			–		183		183
その他の増減				–		195	△43	152
所有者との取引等合計		–	–	△712	–	△68,089	△3,410	△71,500
2022年3月31日期末残高		△10,843	441	△7,869	–	686,909	52,834	739,744

	注記	資本金	資本剰余金	自己株式	利益剰余金	親会社の所有者に帰属する持分 その他の資本の構成要素 その他の包括利益を通じて測定する金融資産の公正価値の純変動	確定給付制度の再測定	キャッシュ・フロー・ヘッジ	ヘッジコスト剰余金
2022年4月1日期首残高		79,863	–	△1,371	616,286	18,663	△14,008	△1,883	△240
当期利益					94,065				
その他の包括利益	35					984	5,228	528	△98
当期包括利益		–	–	–	94,065	984	5,228	528	△98
自己株式の取得	23		0	△30,022	0				
自己株式の処分	23				0				
自己株式の消却	23		△29,894	29,894					
配当金	24				△31,650				
非支配持分との取引等			7,881						
支配が継続している子会社に対する親会社の持分変動	15		△5,384						
その他の資本の構成要素から利益剰余金への振替	37				889	△889			
その他資本剰余金の負の残高の振替			27,258		△27,258				
非金融資産への振替								0	
株式報酬取引	25		139	155					
その他の増減					△25				
所有者との取引等合計		–	–	28	△58,044	△889	–	0	–
2023年3月31日期末残高		79,863	–	△1,342	652,307	18,758	△8,779	△1,354	△338

	注記	親会社の所有者に帰属する持分 その他の資本の構成要素 在外営業活動体の換算差額	持分法適用会社における持分相当額	合計	売却目的保有に分類される処分グループに係るその他の資本の構成要素	合計	非支配持分	合計
2022年4月1日期首残高		△10,843	441	△7,869	–	686,909	52,834	739,744
当期利益				–		94,065	6,104	100,170
その他の包括利益	35	41,842	△1,878	46,606		46,606	2,259	48,866
当期包括利益		41,842	△1,878	46,606		140,672	8,364	149,036
自己株式の取得	23			–		△30,022		△30,022
自己株式の処分	23			–		0		0
自己株式の消却	23			–				
配当金	24			–		△31,650	△4,267	△35,918
非支配持分との取引等				–		7,881		7,881
支配が継続している子会社に対する親会社の持分変動	15			–		△5,384	△2,634	△8,019
その他の資本の構成要素から利益剰余金への振替	37			△889		–		
その他資本剰余金の負の残高の振替				–		–		
非金融資産への振替				0		0		
株式報酬取引	25			–		294		294
その他の増減				–		△25	△3	△29
所有者との取引等合計		–	–	△889	–	△58,905	△6,906	△65,811
2023年3月31日期末残高		30,999	△1,436	37,848	–	768,676	54,292	822,968

④ 連結キャッシュ・フロー計算書

（単位：百万円）

	注記	前連結会計年度 （自 2021年4月 1日 至 2022年3月31日）	当連結会計年度 （自 2022年4月 1日 至 2023年3月31日）
営業活動によるキャッシュ・フロー			
税引前当期利益		122,472	140,033
減価償却費及び償却費		66,234	71,820
減損損失及び減損損失戻入益		9,356	15,075
従業員給付の増減額		△3,510	△14,675
引当金の増減額		△929	2,846
受取利息		△1,334	△3,373
受取配当金		△944	△987
支払利息		3,314	3,970
持分法による損益	7	△985	△4,326
固定資産除却損		4,825	4,388
固定資産売却益	31	△15,505	△33,376
固定資産売却損		143	217
売上債権及びその他の債権の増減額		6,057	3,327
仕入債務及びその他の債務の増減額		10,972	△4,065
棚卸資産の増減額		△17,914	△41,613
未払消費税等の増減額		△2,065	2,252
その他の資産及び負債の増減額		△10,132	6,681
その他		6,949	5,780
小計		177,004	153,975
利息の受取額		1,425	3,334
配当金の受取額		2,061	3,225
利息の支払額		△3,233	△3,749
法人所得税の支払額		△31,681	△39,145
営業活動によるキャッシュ・フロー		145,576	117,640

	注記	前連結会計年度 （自　2021年4月 1日 至　2022年3月31日）	当連結会計年度 （自　2022年4月 1日 至　2023年3月31日）
投資活動によるキャッシュ・フロー			
有形固定資産の取得による支出		△73,842	△68,383
有形固定資産の売却による収入		17,763	40,255
無形資産の取得による支出		△6,877	△4,663
金融資産の取得による支出		△1,342	△2,155
金融資産の売却による収入		3,555	3,682
連結の範囲の変更を伴う子会社株式の売却による収入	15	1,142	－
その他		△1,966	1,176
投資活動によるキャッシュ・フロー		△61,567	△30,087
財務活動によるキャッシュ・フロー			
短期借入金の増減額	20	△3,949	4,066
コマーシャル・ペーパーの増減額	20	△30,000	－
長期借入れによる収入	20	538	2,362
長期借入金の返済による支出	20	△18,328	△14,299
社債の発行による収入	20	9,953	－
社債の償還による支出	20	－	△20,000
配当金の支払額		△27,273	△31,630
非支配持分への配当金の支払額		△3,779	△4,100
自己株式の取得による支出		△40,041	△30,022
自己株式取得のための金銭の信託の増減額		△66	－
連結の範囲の変更を伴わない子会社株式の取得による支出		△151	△8,170
リース負債の返済による支出	20	△10,168	△9,412
その他		211	145
財務活動によるキャッシュ・フロー		△123,055	△111,061
現金及び現金同等物の換算差額		8,891	4,831
現金及び現金同等物の増減額		△30,155	△18,677
現金及び現金同等物の期首残高	8	181,609	151,454
現金及び現金同等物の期末残高	8	151,454	132,777

【連結財務諸表注記】

1. 報告企業

　味の素株式会社（以下「当社」という。）は，日本に所在する会社であり，日本の会社法に基づいて設立された株式会社です。当社の登記上の本社は，ホームページ（https://www.ajinomoto.co.jp/company/）で開示しております。この連結財務諸表は，当社及び子会社（以下「当社グループ」という。）並びに当社グループの関連会社及び共同支配企業に対する持分により構成されております。当社グループの事業内容及び主要な活動は，注記「7.　セグメント情報」に記載しております。2023年3月31日に終了する連結会計年度の連結財務諸表は，2023年6月21日に経営会議により承認され，その後，提出日までの後発事象について検討を行っております。

2. 作成の基礎

（1）　連結財務諸表がIFRSに準拠している旨

　当社グループの連結財務諸表は，国際会計基準審議会によって公表されたIFRSに準拠して作成しております。当社グループは，連結財務諸表規則第1条の2に掲げる「指定国際会計基準特定会社」の要件を満たしていることから，同第93条の規定を適用しております。

（2）　測定の基礎

　当社グループの連結財務諸表は，注記「3.　重要な会計方針」に記載している金融商品等を除き，取得原価を基礎として作成しております。

（3）　機能通貨及び表示通貨

　当社グループの各社の個別財務諸表は，それぞれの機能通貨で作成されております。当社グループの各社は主として現地通貨を機能通貨としておりますが，その会社の活動する経済環境が主に現地通貨以外である場合は，現地通貨以外を機能通貨としております。

　当社グループの連結財務諸表は，当社の機能通貨である日本円を表示通貨としており，単位を百万円としております。また，百万円未満の端数は切り捨てております。

3. 重要な会計方針 ··

　当社グループの連結財務諸表の作成に当たり適用した重要な会計方針は以下のとおりです。

（1）　連結の基礎 ··

①　子会社

　子会社とは，当社グループに支配されている企業です。当社グループが，企業（投資先）への関与により生じる変動リターンに対するエクスポージャー又は権利を有し，かつ，投資先に対するパワーにより当該リターンに影響を及ぼす能力を有している場合は，投資先を支配していると判断しております。子会社は，当社グループが支配を獲得した日を取得日とし，支配を獲得した日から支配を喪失する日まで連結しております。子会社が適用する会計方針が当社グループにおいて適用する会計方針と異なる場合は，その子会社の財務諸表の調整を行っております。

　子会社の決算日が当社グループの連結決算日と異なる場合は，連結決算日現在で実施した仮決算に基づく子会社の財務数値を用いております。

　当社グループ内の投資と資本，債権債務残高，取引高及び当社グループ内取引で発生した未実現損益を連結財務諸表の作成に際して消去しております。

　子会社の包括利益は，非支配持分が負の残高となる場合であっても，当社持分と非支配持分に帰属させております。

　支配が継続する子会社に対する当社グループの持分変動は，資本取引として会計処理しております。非支配持分の調整額と対価の公正価値との差額は，当社の所有者に帰属する持分として資本に直接認識しております。

　また，子会社に対する支配を喪失した場合は，当社グループは，子会社の資産及び負債，子会社に関連する非支配持分及びその他の資本の構成要素の認識を中止しております。支配の喪失から生じた利得又は損失は，純損益で認識しております。支配喪失後においても，当社グループが従前の子会社に対する持分を保持する場合は，その持分は支配喪失日の公正価値で測定しております。

②　関連会社及び共同支配企業

　関連会社とは，当社グループが財務及び営業の方針に重要な影響力を有しているが支配はしていない企業であり，当社グループが重要な影響力を有することと

なった日から喪失する日まで，持分法により処理しております。共同支配企業とは，複数の当事者が共同支配により純資産に対する権利を有している企業であり，共同支配を獲得した日から喪失する日まで，持分法により処理しております。関連会社及び共同支配企業が適用する会計方針が当社グループにおいて適用する会計方針と異なる場合は，その関連会社及び共同支配企業の財務諸表の調整を行っております。

　持分法の下では，投資額は当初は原価で測定し，それ以後は，関連会社及び共同支配企業の純資産に対する当社グループの持分の取得後の変動に応じて投資額を変動させております。その際，関連会社及び共同支配企業の純損益のうち当社グループの持分相当額は当社グループの純損益に計上しております。また，関連会社及び共同支配企業のその他の包括利益のうち当社グループの持分相当額は当社グループのその他の包括利益に計上しております。関連会社又は共同支配企業との取引から発生した未実現損益は，投資に加減算しております。

　関連会社及び共同支配企業の取得日に認識した資産，負債及び偶発負債の正味の公正価値に対する持分を取得対価が超える額はのれん相当額として計上し投資の帳簿価額に含めており，償却はしておりません。持分法適用会社への投資の帳簿価額の一部を構成するのれんは，他の部分と区分せず，持分法適用会社に対する投資を一体の資産として，減損の客観的な証拠が存在する場合において，減損テストの対象としております。

　当該客観的な証拠があるかどうかの決定にあたっては，損失事象に関して気付いた観察可能なデータの検討が必要となります。これには，関連会社又は共同支配企業の市場環境又は経済環境において生じ，投資の原価が回収されない可能性があることを示す不利な影響を伴う著しい変動に関する情報の検討が含まれます。

　関連会社及び共同支配企業への投資について重要な影響力又は共同支配を喪失した場合，利得又は損失を純損益で認識しております。重要な影響力又は共同支配を喪失後においても，当社グループが従前の関連会社及び共同支配企業に対する持分を保持する場合は，その持分は持分法を中止した日の公正価値で測定しております。

③ 共同支配事業

　共同支配事業とは，共同支配の取決めのうち，共同支配を行う当事者が契約上の取決めに関連する資産に対する権利及び負債に係る義務を有するものをいいます。共同支配事業に係る投資は，その共同支配事業に関連する自らの資産，負債，収益及び費用を認識しております。

(2) 企業結合 ……………………………………………………………………

　企業結合は，取得法を適用して会計処理しております。移転された対価は，取得企業が移転した資産及び取得企業に発生した被取得企業の旧所有者に対する負債の金額並びに取得企業が発行した資本持分の取得日の公正価値の合計額として計算しております。非支配持分を公正価値で測定するか，又は被取得企業の識別可能な純資産の比例持分で測定するかを，取得日に個別の企業結合ごとに選択しております。移転された対価及び被取得企業のすべての非支配持分の金額の総計が，取得した識別可能な資産及び引き受けた負債の取得日の公正価値を超過する場合は，その超過額をのれんとして認識しております。反対に下回る場合は，結果として生じた利得を，取得日において純損益で認識しております。企業結合が生じた期間の末日までに企業結合の当初の会計処理が完了しない場合は，暫定的な金額で会計処理を行っております。取得日から1年以内の測定期間において取得日時点に存在した事実及び状況に関する新しい情報を入手した場合は，暫定的な金額を遡及修正しております。

　取得関連費用は，発生した期間の費用として会計処理しております。

(3) 外貨換算 ……………………………………………………………………
① 外貨建取引の換算

　外貨建取引は，取引日における直物為替レート又はそれに近似するレートを外貨金額に適用し，機能通貨で記録しております。その後，外貨建の貨幣性項目は，期末日の直物為替レートで換算しております。公正価値で測定する外貨建の非貨幣性項目は，当該公正価値が測定された日の直物為替レートで換算しております。取得原価で測定する外貨建の非貨幣性項目は，引き続き取引日の直物為替レート

又はそれに近似するレートで換算しております。

　当該換算及び決済により生じる換算差額は純損益で認識しております。ただし，その他の包括利益を通じて公正価値で測定する金融資産，及びキャッシュ・フロー・ヘッジから生じる換算差額は，その他の包括利益として認識しております。

② **在外営業活動体の財務諸表の換算**

　在外営業活動体の資産及び負債は期末日の直物為替レートで，収益及び費用は取引日の直物為替レート又はそれに近似するレートで，それぞれ日本円に換算しております。その換算差額はその他の包括利益に計上しております。在外営業活動体を処分した場合は，その在外営業活動体に関連する累積換算差額を処分した期の純損益に計上しております。なお，当社は，当社の子会社が所在するトルコ共和国が，国際会計基準第29号「超インフレ経済下における財務報告」に定める超インフレ経済下にあると判断しておりますが，当該基準を適用することで生じる連結財務諸表への影響が軽微であることから，その適用はしておりません。

(4)　金融商品 ··

① **金融資産**

　金融資産は，当初認識時において，償却原価で測定する金融資産，その他の包括利益を通じて公正価値で測定する金融資産，純損益を通じて公正価値で測定する金融資産に分類しております。金融資産は，当社グループが当該金融資産の契約当事者となった取引日に当初認識しております。純損益を通じて公正価値で測定する金融資産は公正価値で当初測定しておりますが，それ以外の金融資産は，公正価値に当該金融資産に直接起因する取引コストを加算した金額で測定しております。

　金融資産は，金融資産からのキャッシュ・フローに対する契約上の権利が消滅した場合，又は金融資産を譲渡し，当該金融資産の所有に係るリスクと経済価値のほとんどすべてを移転している場合に，認識を中止しております。

(a)　**償却原価で測定する金融資産**

　次の条件がともに満たされる金融資産を償却原価で測定する金融資産に分類しております。

・契約上のキャッシュ・フローを回収するために資産を保有することを目的とする事業モデルに基づいて，資産が保有されている。
・金融資産の契約条件により，元本及び元本残高に対する利息の支払いのみであるキャッシュ・フローが特定の日に生じる。
当初認識後は実効金利法に基づく償却原価で測定しております。

(b) その他の包括利益を通じて公正価値で測定する金融資産（負債性金融商品）

当社グループが保有する金融資産のうち，次の条件がともに満たされる場合は，その他の包括利益を通じて公正価値で測定する負債性金融商品に分類しております。
・契約上のキャッシュ・フローの回収と売却の両方によって目的が達成される事業モデルの中で保有されている。
・金融資産の契約条件により，元本及び元本残高に対する利息の支払いのみであるキャッシュ・フローが所定の日に生じる。
当初認識後は公正価値で測定し，事後的な変動はその他の包括利益に含めて認識しております。投資を処分したときに，その他の包括利益を通じて認識された利得又は損失の累計額をその他の資本の構成要素から純損益に組替調整額として振り替えております。

(c) その他の包括利益を通じて公正価値で測定する金融資産（資本性金融商品）

当社グループは，資本性金融商品に対する投資について，公正価値の事後の変動をその他の包括利益に表示するという取消不能の選択を行っており，その他の包括利益を通じて公正価値で測定する資本性金融商品に分類しております。

当初認識後は公正価値で測定し，事後的な変動はその他の包括利益に含めて認識しております。投資を処分したときに，その他の包括利益を通じて認識された利得又は損失の累計額をその他の資本の構成要素から利益剰余金に振り替えております。

なお，その他の包括利益を通じて公正価値で測定する金融資産からの配当金は，金融収益として純損益で認識しております。

(d) 純損益を通じて公正価値で測定する金融資産

上記の償却原価で測定する金融資産又はその他の包括利益を通じて公正価値で

測定する金融資産以外の金融資産は，純損益を通じて公正価値で測定する金融資産に分類しております。なお，当社グループは，当初認識時において，純損益を通じて公正価値で測定する金融資産として，取消不能の指定を行ったものはありません。

当初認識後は公正価値で測定し，事後的な変動は純損益で認識しております。

② **金融資産の減損**

償却原価で測定する金融資産の予想信用損失及びその他の包括利益を通じて公正価値で測定する金融資産（負債性金融商品）の予想信用損失に対して損失評価引当金として計上しております。金融資産に係る損失評価引当金の繰入額は，純損益で認識しております。損失評価引当金を減額する事象が発生した場合は，損失評価引当金の戻入額を純損益で認識しております。

損失評価引当金の詳細は，注記「37. 金融商品 （4） 損失評価引当金」に記載しております。

③ **金融負債**

金融負債は当初認識時に償却原価で測定する金融負債と純損益を通じて公正価値で測定する金融負債に分類しております。金融負債は，当社グループが当該金融負債の契約当事者になる取引日に当初認識しております。償却原価で測定する金融負債は，公正価値に当該金融負債に直接起因する取引コストを減算した金額で当初測定しておりますが，純損益を通じて公正価値で測定する金融負債は，公正価値で当初測定しております。

金融負債が消滅したとき，すなわち，契約中に特定された債務が免責，取消し，又は失効となったときに認識を中止しております。

(a) 償却原価で測定する金融負債

償却原価で測定する金融負債は，当初認識後は実効金利法に基づく償却原価で測定しております。

(b) 純損益を通じて公正価値で測定する金融負債

純損益を通じて公正価値で測定する金融負債は，当初認識後は公正価値で測定し，事後的な変動は純損益で認識しております。

④　デリバティブ及びヘッジ会計

当社グループでは，為替変動リスクや金利変動リスクなどをヘッジするために，先物為替予約取引や金利スワップ取引などのデリバティブ取引を行っております。

ヘッジ会計の適用に当たっては，ヘッジ取引開始時に，ヘッジ対象とヘッジ手段の対応関係並びにヘッジの実施についてのリスク管理目的及び戦略に関して，公式に指定し文書を作成しております。その文書は，ヘッジ手段の特定，ヘッジの対象となる項目又は取引，ヘッジされるリスクの性質及びヘッジされたリスクに起因するヘッジ対象の公正価値又はキャッシュ・フローの変動に対するエクスポージャーを相殺するに際してのヘッジ手段の有効性の評価方法が含まれます。ヘッジ有効性の継続的な評価は，各期末日又はヘッジ有効性の要求に影響を与える状況の重大な変化があったときのいずれか早い方に行っております。

デリバティブは公正価値で当初認識しております。当初認識後も公正価値で測定し，その事後的な変動は以下のとおり処理しております。

(a)　公正価値ヘッジ

ヘッジ手段であるデリバティブの公正価値変動は純損益で認識しております。また，ヘッジされたリスクに対応するヘッジ対象の公正価値の変動は，ヘッジ対象の帳簿価額を修正して，純損益で認識しております。

(b)　キャッシュ・フロー・ヘッジ

ヘッジ手段であるデリバティブの公正価値変動のうち有効なヘッジと判定される部分は，その他の包括利益に認識しております。ヘッジ非有効部分は純損益で認識されます。

当社グループでは，為替リスクをヘッジするキャッシュ・フロー・ヘッジ関係において，ヘッジ手段の直物要素の公正価値の変動のみを指定しています。先渡要素の公正価値の変動はヘッジのコストとして区分して会計処理しています。

その他の包括利益に認識した金額は，予定取引のヘッジがその後において非金融資産又は非金融負債の認識を生じさせるものである場合，又は非金融資産若しくは非金融負債に係るヘッジされた予定取引が公正価値ヘッジの適用される確定約定となった場合，その他の包括利益に認識した金額を当該非金融資産又は非金

融負債の当初の帳簿価額に含めております。

　上記以外のキャッシュ・フロー・ヘッジは，ヘッジされた予想将来キャッシュ・フローが純損益に影響を与える会計期間においてその他の資本の構成要素から純損益に振り替えております。ただし，当該金額が損失であり，当該損失の全部又は一部が将来の期間において回収されないと予想する場合は，回収が見込まれない金額を，直ちに純損益に振り替えております。

　ヘッジ手段が消滅，売却，終了又は行使された場合，ヘッジがヘッジ会計の要件を満たしていない場合は，ヘッジ会計を将来に向けて中止しております。予定取引の発生がもはや見込まれない場合は，その他の包括利益に認識した金額は，直ちにその他の資本の構成要素から純損益に振り替えております。

(c) ヘッジ指定されていないデリバティブ

　デリバティブの公正価値の変動は純損益で認識しております。

⑤ 非支配持分の所有者に付与した子会社株式の売建プット・オプション

　当社グループが非支配持分の所有者に対して付与した子会社株式の売建プット・オプションについて，原則としてその償還金額の現在価値をその他の金融負債として当初認識するとともに，同額を資本剰余金から減額しています。また，当初認識後は実効金利法に基づく償却原価で測定するとともに，当初認識後の変動について連結損益計算書の金融収益又は金融費用に認識しております。なお，当該プット・オプションが失効した場合は，「その他の金融負債」を「資本剰余金」に振り替えます。

⑥ 金融資産と金融負債の相殺

　金融資産と金融負債は，認識した金額を相殺する法的に強制力のある権利を有しており，かつ，純額で決済するか又は資産の実現と負債の決済を同時に実行する意図を有している場合に，相殺して純額で表示しております。

(5) 現金及び現金同等物

　現金及び現金同等物は，手許現金，随時引き出し可能な預金及び容易に換金可能であり，かつ，価値の変動について僅少なリスクしか負わない取得日から3か月以内に償還期限の到来する短期的投資からなっております。

（6） 棚卸資産 ·····

　棚卸資産の原価には，購入原価，加工費及び棚卸資産が現在の場所と状態に至るまでに発生したその他のコストのすべてを含めております。棚卸資産の原価は，主として加重平均法の原価算定方式により算定しております。通常は代替性がなく，特定のプロジェクトのために製造され区分されている財又はサービスの棚卸資産の原価は，個別法により算定しております。

　棚卸資産は，原価と正味実現可能価額のいずれか低い金額で測定しております。正味実現可能価額は，通常の事業の過程における見積売価から，完成までに要する原価の見積額及び販売に要するコストの見積額を控除して算定しております。

（7） 売却目的で保有する非流動資産及び非継続事業 ·····

　継続的使用ではなく，主に売却取引により帳簿価額が回収される非流動資産又は処分グループは，売却目的保有に分類しております。売却目的保有に分類するためには，現状で直ちに売却することが可能であり，かつ，売却の可能性が非常に高いことを条件としており，当社グループの経営者が売却計画の実行を確約し，原則として１年以内に売却が完了する予定である場合に限っております。売却目的保有に分類した後は，帳簿価額又は売却費用控除後の公正価値のいずれか低い金額で測定しており，減価償却又は償却を行っておりません。

　非継続事業には，既に処分されたか又は売却目的保有に分類された企業の構成要素が含まれ，グループの一つの事業若しくは地域を構成し，その一つの事業若しくは地域の処分の計画がある場合に認識しております。

（8） 有形固定資産（使用権資産を除く） ·····

　有形固定資産は，当初認識時に取得原価で測定しております。取得原価は，購入価格，直接起因するコスト，解体及び除去並びに敷地の原状回復コスト，借入コストから構成されております。

　当初認識後の測定は原価モデルを採用し，有形固定資産は取得原価から減価償却累計額及び減損損失累計額を控除した価額で計上しております。

　土地等の償却を行わない資産を除き，有形固定資産は，それぞれの耐用年数に

わたって定額法で減価償却しております。

　主要な有形固定資産の耐用年数は，以下のとおりです。
・建物及び構築物　　：　3～50年
・機械装置及び運搬具：　2～20年
・工具器具及び備品　：　2～20年

　資産の残存価額，耐用年数及び減価償却方法は，毎期末に見直しを行い，こ
れらを変更する場合は，会計上の見積りの変更として会計処理しております。

(9)　のれん及び無形資産 ……………………………………………………

①　のれん

　当初認識時におけるのれんの測定は，「(2)　企業結合」に記載しております。

　当初認識後の測定は，取得原価から減損損失累計額を控除した価額で測定し，
償却はしておりません。

　のれんは，関連する資金生成単位又は資金生成単位グループの中の事業を処分
した場合，認識を中止します。処分による利得又は損失を算定する際に，その処
分する事業に関連するのれんは，当該事業の帳簿価額に含めております。

②　無形資産（使用権資産を除く）

　無形資産は，当初認識時に取得原価で測定しております。企業結合で取得した
無形資産の取得原価は取得日現在の公正価値で測定しております。なお，自己創
設無形資産は，資産化の要件を満たす開発費用を除いて，発生時の費用として認
識しております。

　当初認識後の測定は，原価モデルを採用し，取得原価から償却累計額及び減損
損失累計額を控除した価額で計上しております。

　耐用年数を確定できる無形資産は，それぞれの耐用年数にわたって定額法で償
却しております。

　耐用年数を確定できる主要な無形資産の耐用年数は，以下のとおりです。
・ソフトウェア：　3～5年
・商標権　　　：　20年以内
・特許権　　　：　10年以内

・顧客関係資産： 6〜15年

耐用年数を確定できる無形資産の耐用年数及び償却方法は，毎期末に見直しを行い，これらを変更する場合は，会計上の見積りの変更として会計処理しております。なお，残存価額はゼロと推定しております。

耐用年数を確定できない無形資産及びいまだ使用可能でない無形資産は，償却はしておりません。耐用年数を確定できない無形資産は，当該資産の耐用年数を確定できないものと判断する事象又は状況が引き続き存在しているか否かについて，期末日に見直しを行っております。

（10） リース

当社グループは，借手としてのリース取引について，リース開始日に使用権資産及びリース負債を認識しております。リース負債は未払リース料総額の現在価値で測定し，使用権資産は，リース負債の当初測定の金額に開始日以前に支払ったリース料等，借手に発生した当初直接コスト及びリースの契約条件で要求されている原状回復義務等のコストを調整した取得原価で測定しております。使用権資産は，取得原価から減価償却累計額及び減損損失累計額を控除した金額で連結財政状態計算書の有形固定資産に含めて表示しております。なお，当初認識後は，使用権資産は耐用年数とリース期間のいずれか短い年数にわたって，定額法で減価償却を行っております。

リース料は，実効金利法に基づき金融費用とリース負債の返済額に配分し，利息費用は連結損益計算書において認識しております。

ただし，リース期間が12か月以内の短期リース及び原資産が少額のリースについては，使用権資産及びリース負債を認識せず，リース料をリース期間にわたって，定額法により費用として認識しております。

なお，貸手としてのリース取引で重要なものはありません。

（11） 非金融資産の減損

期末日に，非金融資産が減損している可能性を示す兆候があるか否かを検討しております。減損の兆候が存在する場合は，当該資産又はその資産が属する資金

生成単位の回収可能価額を見積っております。のれん，耐用年数を確定できない無形資産及びいまだ使用可能でない無形資産は，毎年，及び減損の兆候がある場合はいつでも，減損テストを実施しております。のれんは，企業結合のシナジー効果によりキャッシュ・フローの獲得への貢献が期待される資金生成単位（最小の単位又は単位グループ）に配分しております。

　回収可能価額は，資産又は資金生成単位の処分コスト控除後の公正価値及び使用価値のいずれか高い金額です。回収可能価額が帳簿価額を下回っている場合に，当該資産又は資金生成単位をその回収可能価額まで減額し，当該減額を減損損失として純損益で認識しております。認識した減損損失は，まずその資金生成単位に配分されたのれんの帳簿価額を減額するよう配分し，次に資金生成単位内ののれんを除く各資産の帳簿価額を比例的に減額するように配分しております。

　期末日に，過去の期間にのれん以外の資産又は資金生成単位について認識した減損損失がもはや存在しないか又は減少している可能性を示す兆候があるかどうかを検討しております。そのような兆候が存在する場合は，回収可能価額を見積り，当該資産又は資金生成単位の帳簿価額を回収可能価額まで増額して減損損失の戻入れを行っております。減損損失の戻入れによって増加する資産又は資金生成単位の帳簿価額は，過去の期間において当該資産又は資金生成単位について認識した減損損失がなかったとした場合の（償却又は減価償却控除後の）帳簿価額を超えないようにしております。減損損失の戻入れは直ちに純損益で認識しております。のれんについて認識した減損損失は，以後の期間において戻入れは行っておりません。

(12)　引当金 ··

　引当金は，過去の事象の結果として現在の債務（法的又は推定的）を有しており，当該債務を決済するために経済的便益を有する資源の流出が必要となる可能性が高く，当該債務の金額について信頼性のある見積りができる場合に認識しております。

　貨幣の時間価値の影響に重要性がある場合は，引当金の金額は，債務を決済するために必要となると見込まれる支出の現在価値としております。現在価値の算

定に当たって使用する割引率は，貨幣の時間価値と当該負債に固有のリスクについての現在の市場の評価を反映した税引前の利率です。

(13) 従業員給付 ···

① 短期従業員給付

短期従業員給付は，勤務対価として支払うと見込まれる金額を見積り，割引計算は行わず，負債及び費用として認識しております。

有給休暇費用は，将来の有給休暇の権利を増加させる勤務を従業員が提供したときに負債及び費用として認識しております。

賞与は，当社グループが，従業員から過去に提供された勤務の対価として支払うべき現在の法的又は推定的債務を負っており，かつ，その金額を信頼性をもって見積ることができる場合，負債及び費用として認識しております。

② 退職後給付

当社グループは，退職後給付の制度として確定給付制度と確定拠出制度を運営しております。

確定給付制度の会計処理は，確定給付制度債務の現在価値及び関連する当期勤務費用並びに過去勤務費用を，予測単位積増方式を用いて算定しております。割引率は，主に期末日の優良社債の市場利回りを参照し，給付支払の見積期日に対応するように決定しております。退職給付に係る負債又は資産は，確定給付制度債務の現在価値から制度資産の公正価値を控除して算定しております。退職給付に係る負債又は資産に係る利息純額は，金融費用又は金融収益として純損益で認識しております。

確定給付負債又は資産の純額の再測定は，その他の包括利益に認識し，その後の期間において純損益に組み替えておりません。過去勤務費用は，発生した期間に費用として認識しております。

確定拠出制度の会計処理は，当該制度への拠出を従業員が勤務を提供した期間に費用として認識し，未払拠出額を負債として認識しております。

③ その他の長期従業員給付

退職後給付以外の長期従業員給付に対する債務は，従業員が過年度及び当年

度において提供した勤務の対価として獲得した将来給付額を現在価値に割り引くことによって算定しております。

（14） 政府補助金

　政府補助金は，その補助金交付に付帯する諸条件を満たし，かつ補助金を受領するという合理的な保証が得られたときに公正価値で認識しております。発生した費用に対する補助金は，費用の発生と同じ連結会計年度に収益として認識しております。資産の取得に対する補助金は，繰延収益として認識し，関連資産の耐用年数にわたり規則的に純損益で認識しております。

（15） 自己株式

　自己株式は，取得原価で評価し，資本から控除しております。自己株式の購入，売却及び消却に関しては，利得又は損失を認識しておりません。なお，支払った対価又は受け取った対価は，資本に直接認識しております。

（16） 株式に基づく報酬

　当社は，中期業績連動型株式報酬制度を導入しており，当該制度において受領したサービスの対価は，付与日における当社株式の公正価値を基礎として，又は発生した負債の公正価値で測定しており，対象期間にわたり費用として認識し，同額を資本又は負債の増加として認識しております。

　当該制度の詳細は，注記「25. 株式報酬　（1）　業績連動型株式報酬制度の概要」に記載しております。

（17） 収益

　当社グループは，IFRS第9号に基づく利息及び配当収益等やIFRS第4号に基づく保険料収入等を除き，以下の5ステップアプローチに基づき，顧客への財やサービスの移転との交換により，その権利を得ると見込む対価を反映した金額を収益で認識しております。

　ステップ1：顧客との契約を識別する。

ステップ2：契約における履行義務を識別する。

ステップ3：取引価格を算定する。

ステップ4：取引価格を契約における別個の履行義務へ配分する。

ステップ5：履行義務を充足した時点で（又は充足するに応じて）収益を認識する。

（18） 借入コスト

適格資産の取得，建設又は生産に直接起因する借入コストは，資産の取得原価の一部として資産化しております。

その他の借入コストは，発生した期間の費用として認識しております。

（19） 法人所得税

税金費用は，当期の純損益の計算に含まれる当期税金費用と繰延税金費用の合計として表示しております。当期税金費用及び繰延税金費用は，当該税金費用がその他の包括利益又は資本に直接に認識される取引又は事象及び企業結合から生じる場合を除いて，純損益で認識しております。当期税金費用は，期末日において制定され，又は実質的に制定されている税率（及び税法）を使用して，税務当局に納付（又は税務当局から還付）されると予想される額で算定しております。繰延税金費用は，期末日における資産及び負債の税務基準額と会計上の帳簿価額との間の一時差異に基づいて算定しております。

繰延税金資産は，将来減算一時差異，税務上の繰越欠損金及び繰越税額控除のうち，将来課税所得に対して利用できる可能性が高い範囲内で認識しております。繰延税金資産の帳簿価額は期末日に再検討しており，繰延税金資産の便益を実現させるのに十分な課税所得を稼得する可能性が高くなくなった範囲で繰延税金資産の帳簿価額を減額しております。未認識の繰延税金資産についても期末日に再検討し，将来の課税所得により繰延税金資産が回収される可能性が高くなった範囲で認識しております。繰延税金負債は，原則としてすべての将来加算一時差異について認識しております。繰延税金資産及び負債は，期末日における法定税率又は実質的法定税率（及び税法）に基づいて，資産が実現する期又は負債が

決済される期に適用されると予想される税率で算定しております。

次の場合は，繰延税金資産及び負債を認識しておりません。

・のれんの当初認識
・企業結合以外の取引で，取引時に会計上の利益にも課税所得（欠損金）にも影響を与えない取引における資産又は負債の当初認識
・子会社，支店及び関連会社に対する投資並びに共同支配企業に対する持分に係る将来加算一時差異について，当該一時差異を解消する時期をコントロールすることができ，かつ予測可能な期間にその一時差異が解消しない可能性が高い場合
・子会社，支店及び関連会社に対する投資並びに共同支配企業に対する持分に係る将来減算一時差異について，当該一時差異が予測し得る期間内に解消，又は当該一時差異を活用できる課税所得が稼得される可能性が高くない場合

繰延税金資産及び繰延税金負債は，当期税金資産と当期税金負債を相殺する法律上強制力のある権利を有しており，かつ法人所得税が同一の税務当局によって同一の納税主体に課されている場合又は別々の納税主体であるものの当期税金資産及び当期税金負債とを純額で決済するか，あるいは資産の実現と負債の決済を同時に行うことを意図している場合に相殺しております。

(20)　1株当たり利益

基本的1株当たり当期利益は，親会社の所有者に帰属する当期利益を，その期間の自己株式を調整した発行済普通株式の加重平均株式数で除して計算しております。希薄化後1株当たり当期利益は，希薄化効果を有するすべての潜在株式の影響を調整しております。

4.　会計方針及び開示における変更

(1)　新IFRS適用の影響

当社グループは，当連結会計年度より「国際的な税制改革－第2の柱モデルルール（IAS第12号の改訂）」を適用しております。

本改訂は，経済協力開発機構（OECD）が公表した第2の柱モデルルールに関

する税制から生じる税金（以下，第2の柱の法人所得税）に係る繰延税金の認識及び開示を一時的に免除する例外規定を定めたものです。

当社グループは，当該例外規定を当連結会計年度から遡及適用し，第2の柱の法人所得税に係る繰延税金について認識及び開示を行っておりません。

（2） 表示方法の変更 ···

該当事項はありません。

5. 重要な会計上の判断，見積り及び仮定 ·······································

IFRSに準拠した連結財務諸表の作成において，経営者は会計方針の適用並びに資産，負債，収益及び費用の報告額に影響を及ぼす判断，見積り及び仮定を設定することが義務付けられております。実際の業績はこれらの見積りと異なる場合があります。

見積り及びその基礎となる仮定は継続して見直しております。会計上の見積りの見直しによる影響は，見積りを見直した会計期間及び将来の会計期間において認識しております。

（1） 連結財務諸表上で認識する金額に重要な影響を与える会計方針の適用 ·····

重要な判断に関する情報は，次の注記に含めております。

・子会社，関連会社，共同支配企業及び共同支配事業の範囲

（注記3．重要な会計方針 （1） 連結の基礎，注記15．子会社，注記16．持分法で会計処理されている投資）

（2） 翌連結会計年度において重要な修正をもたらすリスクのある，仮定及び見積りの不確実性 ··

重要な判断に関する情報は，次の注記に含めております。

・非金融資産の減損

（注記3．重要な会計方針 （11） 非金融資産の減損，注記13．非金融資産の減損）

6. 未適用の公表済み基準書及び解釈指針 ·····································

連結財務諸表の承認日までに新設又は改訂が公表された基準書及び解釈指針のうち，重要な影響があるものはありません。

2 財務諸表等

（1） 財務諸表 ···

① 貸借対照表

（単位：百万円）

	前事業年度 （2022年3月31日）	当事業年度 （2023年3月31日）
資産の部		
流動資産		
現金及び預金	33,717	6,979
受取手形	※1 3,641	3,944
売掛金	※1 85,456	※1 91,057
商品及び製品	36,353	41,202
仕掛品	434	512
原材料及び貯蔵品	3,862	4,953
前払費用	6,490	6,766
短期貸付金	※1 34,910	※1 40,643
1年内回収予定の長期貸付金	-	※1 167
未収入金	※1 42,576	※1 43,448
未収還付法人税等	1,257	9,247
その他	※1 3,103	※1 3,175
貸倒引当金	△5,726	△6,941
流動資産合計	246,075	245,157
固定資産		
有形固定資産		
建物	117,715	118,556
構築物	17,131	17,573
機械及び装置	116,029	120,265
車両運搬具	152	169
工具、器具及び備品	37,103	37,548
土地	13,104	12,235
リース資産	86	3,109
建設仮勘定	6,149	3,715
減価償却累計額及び減損損失累計額	△211,663	△215,517
有形固定資産合計	95,809	97,654
無形固定資産		
特許権	32	29
借地権	2,680	2,680
商標権	19,126	17,809
ソフトウエア	14,048	12,440
ソフトウエア仮勘定	3,266	1,845
その他	1	1
無形固定資産合計	39,156	34,806
投資その他の資産		
投資有価証券	31,701	32,281
関係会社株式	471,533	471,594
出資金	38	38
関係会社出資金	74,684	74,684
長期貸付金	※1 157	
長期前払費用	1,022	957
前払年金費用	-	15,860
その他	※1 869	※1 945
貸倒引当金	△46	△46
投資その他の資産合計	579,959	596,316
固定資産合計	714,926	728,777
資産合計	961,002	973,935

	前事業年度 （2022年3月31日）	当事業年度 （2023年3月31日）
負債の部		
流動負債		
買掛金	※1 84,980	※1 88,549
短期借入金	※1 171,939	※1 162,624
1年内償還予定の社債	20,000	20,000
1年内返済予定の長期借入金	11,399	11,399
リース債務	※1 9	※1 232
未払金	※1 19,662	※1 17,190
未払費用	※1 27,570	※1 27,773
未払法人税等	496	224
役員賞与引当金	538	343
株主優待引当金	312	353
役員株式給付引当金	173	561
業績連動型賞与引当金	−	374
持株会特別奨励金引当金	−	1,546
環境対策引当金	19	232
契約損失引当金	263	−
その他	※1 1,012	※1 697
流動負債合計	338,377	332,105
固定負債		
社債	140,000	120,000
長期借入金	115,499	※1 106,041
繰延税金負債	2,151	5,342
リース債務	※1 42	※1 3,126
退職給付引当金	2,401	−
役員退職慰労引当金	24	−
役員株式給付引当金	208	−
環境対策引当金	400	537
契約損失引当金	289	−
関係会社事業損失引当金	387	−
資産除去債務	37	30
預り保証金	※1 11,398	11,252
その他	※1 2,552	※1 2,342
固定負債合計	275,395	248,671
負債合計	613,772	580,777
純資産の部		
株主資本		
資本金	79,863	79,863
資本剰余金		
資本準備金	4,274	4,274
資本剰余金合計	4,274	4,274
利益剰余金		
利益準備金	16,119	16,119
その他利益剰余金		
固定資産圧縮積立金	5,051	4,841
繰越利益剰余金	232,516	278,405
利益剰余金合計	253,688	299,366
自己株式	△1,371	△1,342
株主資本合計	336,455	382,163
評価・換算差額等		
その他有価証券評価差額金	11,351	11,483
繰延ヘッジ損益	△577	△489
評価・換算差額等合計	10,774	10,994
純資産合計	347,229	393,157
負債純資産合計	961,002	973,935

② 損益計算書

（単位：百万円）

	前事業年度 （自　2021年4月 1日 至　2022年3月31日）	当事業年度 （自　2022年4月 1日 至　2023年3月31日）
売上高	※1 271,542	※1 294,270
売上原価	※1 154,381	※1 177,790
売上総利益	117,160	116,480
販売費及び一般管理費	※1,※2,※3 130,216	※1,※2,※3 132,079
営業損失（△）	△13,055	△15,599
営業外収益		
受取利息	※1 121	※1 430
受取配当金	※1 103,336	※1 125,021
その他	※1 3,876	※1 3,272
営業外収益合計	107,335	128,724
営業外費用		
支払利息	※1 3,940	※1 2,987
賃貸収入原価	2,327	2,692
為替差損	1	2,006
貸倒引当金繰入額	2,963	1,414
その他	※1 1,605	※1 2,942
営業外費用合計	10,839	12,043
経常利益	83,439	101,081
特別利益		
固定資産売却益	※1 12,070	7,192
契約損失引当金戻入益	1,517	239
その他	※1 1,924	4,443
特別利益合計	15,512	11,875
特別損失		
固定資産除却損	※1 2,448	※1 2,346
関係会社株式評価損	607	964
投資有価証券評価損	1,157	114
抱合せ株式消滅差損	884	－
関係会社事業損失引当金繰入額	387	－
その他	※1 728	※1 946
特別損失合計	6,213	4,373
税引前当期純利益	92,738	108,584
法人税、住民税及び事業税	2,206	△1,811
法人税等調整額	1,362	3,146
法人税等合計	3,569	1,335
当期純利益	89,168	107,249

③　株主資本等変動計算書

前事業年度（自　2021年4月1日　至　2022年3月31日）

（単位：百万円）

	株主資本								
	資本金	資本剰余金			利益剰余金			自己株式	株主資本合計
		資本準備金	その他資本剰余金	資本剰余金合計	利益準備金	その他利益剰余金	利益剰余金合計		
当期首残高	79,863	4,274	–	4,274	16,119	215,616	231,735	△1,464	314,409
当期変動額									
剰余金の配当						△27,341	△27,341		△27,341
当期純利益						89,168	89,168		89,168
自己株式の取得								△40,041	△40,041
自己株式の処分			0	0				260	260
自己株式の消却			△39,874	△39,874				39,874	–
その他資本剰余金の負の残高の振替			39,874	39,874		△39,874	△39,874		–
株主資本以外の項目の当期変動額（純額）									
当期変動額合計	–	–	–	–	–	21,952	21,952	93	22,045
当期末残高	79,863	4,274	–	4,274	16,119	237,568	253,688	△1,371	336,455

	評価・換算差額等			純資産合計
	その他有価証券評価差額金	繰延ヘッジ損益	評価・換算差額等合計	
当期首残高	10,279	△770	9,508	323,918
当期変動額				
剰余金の配当				△27,341
当期純利益				89,168
自己株式の取得				△40,041
自己株式の処分				260
自己株式の消却				–
その他資本剰余金の負の残高の振替				–
株主資本以外の項目の当期変動額（純額）	1,072	193	1,265	1,265
当期変動額合計	1,072	193	1,265	23,311
当期末残高	11,351	△577	10,774	347,229

当事業年度（自　2022年4月1日　至　2023年3月31日）

（単位：百万円）

	株主資本								
	資本金	資本剰余金			利益剰余金			自己株式	株主資本合計
		資本準備金	その他資本剰余金	資本剰余金合計	利益準備金	その他利益剰余金	利益剰余金合計		
当期首残高	79,863	4,274	–	4,274	16,119	237,568	253,688	△1,371	336,455
当期変動額									
剰余金の配当						△31,675	△31,675		△31,675
当期純利益						107,249	107,249		107,249
自己株式の取得								△30,022	△30,022
自己株式の処分			0	0				156	156
自己株式の消却			△29,894	△29,894				29,894	–
その他資本剰余金の負の残高の振替			29,894	29,894		△29,894	△29,894		–
株主資本以外の項目の当期変動額（純額）									
当期変動額合計	–	–	–	–	–	45,678	45,678	28	45,707
当期末残高	79,863	4,274	–	4,274	16,119	283,247	299,366	△1,342	382,163

	評価・換算差額等			純資産合計
	その他有価証券評価差額金	繰延ヘッジ損益	評価・換算差額等合計	
当期首残高	11,351	△577	10,774	347,229
当期変動額				
剰余金の配当				△31,675
当期純利益				107,249
自己株式の取得				△30,022
自己株式の処分				156
自己株式の消却				–
その他資本剰余金の負の残高の振替				–
株主資本以外の項目の当期変動額（純額）	132	87	219	219
当期変動額合計	132	87	219	45,927
当期末残高	11,483	△489	10,994	393,157

株主資本等変動計算書の欄外注記

(注) その他利益剰余金の内訳

前事業年度 (自 2021年4月1日 至 2022年3月31日)

（単位：百万円）

	固定資産 圧　縮 積立金	繰　越 利　益 剰余金	合　計
当期首残高	5,294	210,322	215,616
当期変動額			
剰余金の配当		△27,341	△27,341
その他利益剰余金の取崩	△242	242	−
当期純利益		89,168	89,168
その他資本剰余金の負の残高の振替		△39,874	△39,874
当期変動額合計	△242	22,194	21,952
当期末残高	5,051	232,516	237,568

当事業年度 (自 2022年4月1日 至 2023年3月31日)

（単位：百万円）

	固定資産 圧　縮 積立金	繰　越 利　益 剰余金	合　計
当期首残高	5,051	232,516	237,568
当期変動額			
剰余金の配当		△31,675	△31,675
その他利益剰余金の取崩	△209	209	−
当期純利益		107,249	107,249
その他資本剰余金の負の残高の振替		△29,894	△29,894
当期変動額合計	△209	45,888	45,678
当期末残高	4,841	278,405	283,247

【注記事項】

（重要な会計方針）

1. 有価証券の評価基準及び評価方法 ···

（1） 子会社株式及び関連会社株式 ···

移動平均法による原価法

（2） その他有価証券 ···

市場価格のない株式等以外のもの

決算日の市場価格等に基づく時価法

（評価差額は全部純資産直入法により処理し，売却原価は移動平均法により算定）

市場価格のない株式等

移動平均法による原価法

2. デリバティブ等の評価基準及び評価方法 ···

時価法

ただし，金利スワップは，特例処理の要件を満たしている場合は特例処理を採用しております。金利通貨スワップについて一体処理（特例処理・振当処理）の要件を満たしている場合は一体処理を採用しております。

3. 棚卸資産の評価基準及び評価方法 ···

総平均法による原価法

（貸借対照表価額は収益性の低下に基づく簿価切下げの方法により算定）

4. 固定資産の減価償却の方法 ···

（1） 有形固定資産（リース資産を除く） ···

定額法を採用しております。

なお，主な耐用年数は以下のとおりです。

建物	7～50年
機械及び装置	4～15年

(2) 無形固定資産（リース資産を除く）‥‥‥‥‥‥‥‥‥‥‥‥‥‥‥‥‥‥‥‥‥‥‥‥

定額法を採用しております。

　なお，ソフトウエアは，社内における利用可能期間（5年）に基づく定額法によっており，商標権は原則として効果の及ぶ期間（20年）に基づく定額法によっております。

(3) リース資産 ‥‥‥‥‥‥‥‥‥‥‥‥‥‥‥‥‥‥‥‥‥‥‥‥‥‥‥‥‥‥‥‥‥‥‥‥‥‥

リース期間を耐用年数とし，残存価額を零とする定額法を採用しております。

5. 引当金の計上基準 ‥‥‥‥‥‥‥‥‥‥‥‥‥‥‥‥‥‥‥‥‥‥‥‥‥‥‥‥‥‥‥‥

(1) 貸倒引当金 ‥‥‥‥‥‥‥‥‥‥‥‥‥‥‥‥‥‥‥‥‥‥‥‥‥‥‥‥‥‥‥‥‥‥‥‥‥‥

債権の貸倒の損失に備えるため，一般債権については貸倒実績率により，貸倒懸念債権等特定の債権は個別に回収可能性を検討し，回収不能見込額を計上しております。

(2) 役員賞与引当金 ‥‥‥‥‥‥‥‥‥‥‥‥‥‥‥‥‥‥‥‥‥‥‥‥‥‥‥‥‥‥‥‥‥‥

役員賞与の支出に備えて，当事業年度に係る支給見込額を計上しております。

(3) 株主優待引当金 ‥‥‥‥‥‥‥‥‥‥‥‥‥‥‥‥‥‥‥‥‥‥‥‥‥‥‥‥‥‥‥‥‥‥

株主優待制度に伴う支出に備えるため，過去の実績に基づき，翌事業年度以降に発生すると見込まれる額を合理的に見積計上しております。

(4) 退職給付引当金 ‥‥‥‥‥‥‥‥‥‥‥‥‥‥‥‥‥‥‥‥‥‥‥‥‥‥‥‥‥‥‥‥‥‥

従業員の退職給付に備えるため，当事業年度末における退職給付債務及び年金資産の見込額に基づき計上しております。

　過去勤務費用は，その発生時の従業員の平均残存勤務期間以内の一定の年数（10年）による定額法により費用処理しております。

　数理計算上の差異は，各事業年度の発生時における従業員の平均残存勤務期間以内の一定の年数（10年）による定額法により按分した額を，それぞれ発生の翌事業年度から費用処理しております。

(5) 役員退職慰労引当金 ‥‥‥‥‥‥‥‥‥‥‥‥‥‥‥‥‥‥‥‥‥‥‥‥‥‥‥‥‥‥‥‥

役員等の退職慰労金の支給に備えるため，役員退職慰労金規程に基づく期末要支給額を計上しております。

なお，当社は2007年6月に役員退職慰労金制度を廃止し，制度適用期間に対応する退職慰労金は退任時に支給することとしております。

(6)　役員株式給付引当金 ···
　役員等への当社株式の交付等に備えるため，内規に基づく当事業年度末における株式給付債務の見込額に基づき計上しております。

(7)　業績連動型賞与引当金 ···
　外国籍従業員を含む一部従業員に対する業績連動型賞与の支出に備えるため，当事業年度に係る支給見込額を計上しております。

(8)　持株会特別奨励金引当金 ···
　従業員持株会加入者への持株会特別奨励金の支出に備えるため，当事業年度に負担すべき額を計上しております。

(9)　環境対策引当金 ···
　環境対策を目的とした支出に備えるため，今後発生すると見込まれる金額を計上しております。

(10)　契約損失引当金 ···
　契約の履行に伴い発生する損失に備えるため，今後発生すると見込まれる額を合理的に見積計上しております。

(11)　関係会社事業損失引当金 ···
　関係会社の事業に係る損失に備えるため，当該会社の財政状態等を勘案し，損失負担見込額を計上し
　ております。

6. 収益の認識基準 ···
　当社は，利息及び配当収益等を除き，以下の5ステップアプローチに基づき，顧客への財やサービスの移転との交換により，その権利を得ると見込む対価を反映した金額を収益で認識しております。
　ステップ1：顧客との契約を識別する。
　ステップ2：契約における履行義務を識別する。
　ステップ3：取引価格を算定する。

ステップ4：取引価格を契約における別個の履行義務へ配分する。

ステップ5：履行義務を充足した時点で（又は充足するに応じて）収益を認識する。

　当社は，主に，調味料・食品，医療用・食品用アミノ酸の販売等から収益を稼得しております。これらの製品の販売契約において，履行義務を充足する物品の引渡時点で，収益を認識しております。

7. 外貨建の資産及び負債の本邦通貨への換算基準 ‥‥‥‥‥‥‥‥‥‥‥‥‥‥‥‥

　外貨建金銭債権債務は，決算日の直物為替相場により円貨に換算し，換算差額は損益として処理しております。

8. ヘッジ会計の方法 ‥‥‥‥‥‥‥‥‥‥‥‥‥‥‥‥‥‥‥‥‥‥‥‥‥‥‥‥‥‥

(1) ヘッジ会計の方法 ‥‥‥‥‥‥‥‥‥‥‥‥‥‥‥‥‥‥‥‥‥‥‥‥‥‥‥‥

　繰延ヘッジ処理によっております。なお，金利スワップは，特例処理の要件を満たしている場合は，原則として特例処理を採用しております。金利通貨スワップについて一体処理（特例処理・振当処理）の要件を満たしている場合には一体処理を採用しております。

(2) ヘッジ手段とヘッジ対象 ‥‥‥‥‥‥‥‥‥‥‥‥‥‥‥‥‥‥‥‥‥‥‥‥

ヘッジ手段	ヘッジ対象
金利スワップ	社債・借入金支払利息
金利通貨スワップ	外貨建借入金・借入金支払利息

(3) ヘッジ方針 ‥‥‥‥‥‥‥‥‥‥‥‥‥‥‥‥‥‥‥‥‥‥‥‥‥‥‥‥‥‥

　デリバティブ取引に係る社内規程に基づき，金額的に重要でかつ取引が個別に認識できる一部の取引について，為替変動リスク及び金利変動リスクをヘッジしております。

(4) ヘッジ有効性評価の方法 ‥‥‥‥‥‥‥‥‥‥‥‥‥‥‥‥‥‥‥‥‥‥‥

　為替予約については，ヘッジ対象との重要な条件の同一性を確認しているため，有効性の事後評価を省略しております。また，特例処理によっている金利スワップ及び一体処理によっている金利通貨スワップについては，有効性評価を省略し

ております。

9. 退職給付に係る会計処理の方法 ···

退職給付に係る未認識数理計算上の差異及び未認識過去勤務費用の未処理額
の会計処理の方法は，連結財務諸表におけるこれらの会計処理の方法と異なって
おります。

（重要な会計上の見積り）

会計上の見積りは，財務諸表作成時に入手可能な情報に基づいて合理的な金額
を算出しております。当事業年度の財務諸表に計上した金額が会計上の見積りに
よるもののうち，翌事業年度の財務諸表に重要な影響を及ぼすリスクがある項目
は以下のとおりです。

1. 関係会社株式の評価 ···

（1） 財務諸表に計上した金額 ··

	前事業年度	当事業年度
市場価格のない子会社株式及び 関連会社株式を含む、関係会社株式	471,533	471,594

（2） 会計上の見積りの内容について財務諸表利用者の理解に資するその他の情報 ···

関係会社株式は，当該株式の発行会社の財政状態の悪化により実質価額が著し
く低下したときには，回復可能性が十分な証拠によって裏付けられる場合を除い
て，評価損を認識しております。当該実質価額は関係会社より入手される純資産
持分額を基礎として資産等における時価評価に基づく評価差額等を加味して算定
しております。

当該実質価額の算定や回復可能性の判定は，主として将来の不確実性を伴う投
資先の事業計画の合理性に関する経営者の判断に影響を受け，翌事業年度の財政
状態，経営成績に影響を及ぼす可能性があります。

（表示方法の変更）
　（損益計算書関係）
　前事業年度において，営業外費用の「その他」に含めて表示しておりました「為替差損」（前事業年度1百万円）は，金額的重要性が増したため，当事業年度より区分掲記しております。

（追加情報）
　（業績連動型株式報酬制度）
　「第5　経理の状況　1　連結財務諸表等（1）連結財務諸表連結財務諸表注記25.　株式報酬」に同一の内容を記載しておりますので，注記を省略しております。

第2章

食品・飲料業界の "今" を知ろう

企業の募集情報は手に入れた。しかし，それだけでは
まだ不十分。企業単位ではなく，業界全体を俯瞰する
視点は，面接などでもよく問われる重要ポイントだ。
この章では直近1年間の運輸業界を象徴する重大
ニュースをまとめるとともに，今後の展望について言
及している。また，章末には運輸業界における有名企
業（一部抜粋）のリストも記載してあるので，今後の就
職活動の参考にしてほしい。

▶▶「おいしい」を，お届け。

食品・飲料 業界の動向

> 「食品」は私たちの暮らしに関わりの深い業界で，調味料，加工食品，菓子，パン，飲料など，多様な製品がある。食品に関する分野は多彩だが，人口減少の影響で国内の市場は全体に縮小傾向にある。

❖ 加工食品の動向

　2022年の国内の加工食品市場規模は，30兆2422億円となった（矢野経済研究所調べ）。また，同社の2026年の予測は31兆984億円となっている。外食産業向けが回復傾向にあることに加え、食品の価格が値上がりしていることで市場規模は拡大する見込みである。

　食べ物は人間の生活に欠かせない必需品のため，食品業界は景気変動の影響を受けにくいといわれる。しかし，日本は加工食品の原料の大部分を輸入に頼っており，為替や相場の影響を受けやすい。一例を挙げると，小麦は9割が輸入によるもので，政府が一括して購入し，各社に売り渡される。大豆の自給率も7％で9割以上を輸入で賄っており，砂糖の原料もまた6割強を輸入に頼っている。そのため，2022年は未曾有の値上げラッシュとなった。2023年度も原料高に加えて人件費の上昇も加算。帝国データバンクによると主要195社の食品値上げは2万5768品目だったことに対し，2023年は年間3万品目を超える見通しとなっている。近年の物流費や人件費の高騰もあり，食品メーカーは，AI・IoT技術を活用した生産体制の合理化によるコストの低減や，値上げによる買い控えに対抗するため「利便性」や「健康志向」など付加価値のある商品の開発を進めている。また，グローバル市場の取り込みも急務で，各国市場の特性を踏まえながら，スピード感を持って海外展開を進めていくことが求められる。

●「利便性」や「健康志向」などをアピールする高付加価値商品

　利便性については，単身世帯の増加や女性の就業率上昇に伴い，簡単に調理が可能な食品の需要が増えている。そんな事情から，カットされた食材や調味料がセットになって宅配されるサービス「ミールキット」の人気が高まっている。2013年にサービスが始まったオイシックスの「Kit Oisix」は，2019年には累計出荷数は4000万食を超えてた。ヨシケイのカフェ風でおしゃれな「Lovyu（ラビュ）」の販売数は2016年5月の発売から1年間で700万食を突破した。また，日清フーズが手がける小麦粉「日清 クッキング フラワー」は，コンパクトなボトルタイプで少量使いのニーズに応え，累計販売数2600万個という異例のヒットとなった。

　健康については，医療費が増大している背景から，政府も「セルフメディケーション」を推進している。2015年4月には消費者庁によって，特定保健用食品（トクホ）・栄養機能食品に続く「機能性表示食品」制度がスタートした。トクホが消費者庁による審査で許可を与えられる食品であるのに対して，機能性表示食品はメーカーが科学的根拠を確認し，消費者庁に届け出ることで，機能性が表示できるという違いがある。同制度施行後，機能性をうたった多くの商品が登場し，2020年6月時点での届出・受理件数は3018件となっている。日本初の機能性表示食品のカップ麺となったのは，2017年3月に発売されたエースコックの「かるしお」シリーズで，減塩率40％，高めの血圧に作用するGABAを配合している。機能性表示はないものの，糖質・脂質オフで爆発的ヒットとなったのは，日清食品の「カップヌードルナイス」で，2017年4月の発売からわずか40日で1000万個を突破し，日清史上最速記録となった。そのほか，「内臓脂肪を減らす」をアピールした雪印メグミルクの「恵megumi ガセリ菌SP株ヨーグルト」や「情報の記憶をサポート」とパッケージに記載したマルハニチロの「DHA入りリサーラソーセージ」も，売上を大きく伸ばしている。

　人口減の影響で売上の大きな増加が難しい国内では，商品の価値を上げることで利益を出す方針が重要となる。多少価格が高くとも，特定の健康機能を訴求した商品などはまさにそれに当たる。時代のニーズに剃った商品開発が継続して求められている。

●政府も後押しする，海外展開

　景気動向に左右されにくいといわれる食品業界だが，少子高齢化の影響で，国内市場の縮小は避けられない。しかし，世界の食品市場は拡大傾向

にある。新興国における人口増加や消費市場の広がりにより，2009年には340兆円だった市場規模が，2030年には1,360兆円に増加すると推察されていた（農林水産省調べ）。それに向けて政府は，世界の食品市場で日本の存在感を高めるための輸出戦略を策定した。これは，日本食材の活用推進（Made From Japan），食文化・食産業の海外展開（Made By Japan），農林水産物・食品の輸出（Made In Japan）の3つの活動を一体的に推進するもので，それぞれの頭文字をとって「FBI戦略」と名づけられた。この戦略のもと，2014年に6117億円であった日本の農林水産物・食品の輸出額を，2020年に1兆円に増やしていくことが目標となっていた。

　政府の施策を背景に，食品メーカーもまた，海外での事業拡大を進めている。キッコーマンはすでに営業利益の7割超を海外で稼ぎ出している。日清オイリオグループとカゴメも，海外比率が約20％である。カゴメは2016年，トマトの栽培技術や品種改良に関する研究開発拠点をポルトガルに設け，世界各地の天候や地質に合った量産技術を確立を目指している。1993年から中国に進出しているキユーピーも，2017年に上海近郊の新工場が稼働させた。日清製粉グループは，米国での小麦粉の生産能力を拡大するため，2019年にミネソタ州の工場を増設した。

　海外における国内メーカーの動きに追い風となっているのが，海外での健康志向の広がりである。これまでジャンクフード大国だった米国でも，ミレニアル世代と呼ばれる若年層を中心にオーガニック食品やNon-GMO（遺伝子組み換えを行っていない食品），低糖・低カロリー食品がブームになっている。2013年にユネスコの無形文化遺産に登録された和食には「健康食」のイメージがあり，健康志向食品においては強みとなる。味の素は，2017年，米国の医療食品会社キャンブルックを買収し，メディカルフード市場へ参入した。付加価値の高い加工食品，健康ケア食品，サプリメントなどを同社のプラットフォームに乗せて展開することを意図したものと思われる。

　2020年は新型コロナ禍により内食需要が高まり，家庭で簡単に調理できる乾麺や，時短・簡便食品，スナック類の売上が大きく伸びた。その一方でレストランなど業務用に商品を展開してきた企業にとっては需要の戻りがいまだ見込めていない。企業の強みによって明暗が分かれた形だが，今後健康志向などの新しいニーズに，いかに素早くこたえられるかがカギとなってくると思われる。

❖ パン・菓子の動向

2022年のパンの生産量は，前年比微減の124万7620となっている。製パン各社も原材料高で主力製品を2年連続で値上げをしている。

食生活の変化に伴って，パンの需要は年々拡大しており2011年にはパンの支出がコメを上回ったが，2018年は夏場の気温上昇で伸び悩んだ。製パン業界では，供給量を増やす企業が増えている。山崎製パンは約210億円を投じて，国内で28年ぶりに工場を新設し，2018年2月から操業を開始している。2016年には，ナビスコとのライセンス契約終了で1970年から続いた「リッツ」や「オレオ」の製造販売が終了したが，好調な製パン部門に注力して利益を確保している。

菓子の分野では，原材料や素材にこだわり，プレミアム感を打ち出した高価格商品に人気が集まっている。明治が2016年9月にリニューアル発売した「明治 ザ・チョコレート」は，産地ごとのプレミアムなカカオ豆を使い，豆の生産から製造まで一貫した工程でつくられた板チョコだが，通常の2倍の価格ながら，約1年間で3000万枚というヒットにつながっている。湖池屋は，国産じゃがいもを100％使用した高級ポテトチップス「KOIKEYA PRIDE POTATO」を発売した。これは2017年2月の発売直後から大ヒットとなり，2カ月で売上が10億円を突破，半年で初年度目標の20億円を超えている。

●パンにも波及する安全性への取り組み

2018年6月，米国食品医薬品局（FDA）が，トランス脂肪酸を多く含むマーガリン，ショートニングといった部分水素添加油脂（硬化油）について，食品への使用を原則禁止にする発表を行った。トランス脂肪酸規制の動きは世界的に急速に強まっており，日本では規制はされていないものの，自主的にトランス脂肪酸の低減化に乗り出す食品メーカー，含有量を表示するメーカーも出ている。製パン業界最大手の山崎製パンも全製品でトランス脂肪酸を低減したと自社ホームページで告知を行っている。

トランス脂肪酸の低減にあたっては，別の健康リスクを高めないように安全性にも注意する必要がある。トランス脂肪酸が多く含まれる硬化油脂を，別の硬い性質を持つ油脂（たとえばパーム油など）に代替すれば，トランス脂肪酸は低減できるが，日本人が摂りすぎ傾向にある飽和脂肪酸の含有量

を大幅に増加させてしまう可能性もある。米国農務省（USDA）は，食品事業者にとってパーム油はトランス脂肪酸の健康的な代替油脂にはならないとする研究報告を公表している。

●8000億円に迫る乳酸菌市場

　加工食品と同様，菓子の分野でも，健康を意識した商品が増えている。とくに，明治の「R-1」をはじめとする機能性ヨーグルトは，各社が開発競争を激化させており，乳酸菌応用商品の市場規模は，2021年には7784億円となった（TPCマーケティングリサーチ調べ）。そういったなか，森永乳業が発見した独自素材「シールド乳酸菌」が注目を集めている。「シールド乳酸菌」は，免疫力を高めるヒト由来の乳酸菌で，森永乳業が保有する数千株の中から2007年に発見された。これを9年かけて商品化した森永製菓の「シールド乳酸菌タブレット」は「食べるマスク」というキャッチプレーズのインパクトもあり，2016年9月の発売から1カ月で半年分の売り上げ目標を達成した。森永乳業の登録商標であるが，他社からの引き合いも多く，永谷園のみそ汁や吉野家のとん汁など，シールド乳酸菌を導入した企業は100社を超える。その結果，森永乳業のBtoB事業の営業利益率は大きく向上した。

　キリンも2017年9月，独自開発した「プラズマ乳酸菌」を使った商品の展開を発表した。清涼飲料水やサプリメントのほか，他社との連携も始め，10年後に乳酸菌関連事業で230億円の売上高を目指す。

❖ 飲料の動向

　清涼飲料は，アルコール分が1％未満の飲料で，ミネラルウォーターや炭酸飲料，コーヒー，茶系飲料などが含まれる。全国清涼飲料工業会によれば，2022年の清涼飲料の生産量は2272万klと微増。新型コロナウイルスの影響による売上高が急減からの復調し，ネット通販も好調だ。感染リスクを懸念して重量のある飲料をまとめ買いする需要が拡大した。

　コロナ禍が追い風となったのは，乳酸菌飲料や無糖飲料といった，健康志向にマッチした商品だ。ヤクルトとポッカサッポロは2021年に植物性食品開発に向けた業務提携協議開始を発表した。また，キリンビバレッジは「iMUSE」などヘルスケア志向商品の強化を進めている。

●女性ニーズで注目のスープ系飲料

　飲料分野で注目を集めているのがスープ系飲料である。ワーキング・ウーマンをメインターゲットに，甘くなく，小腹を満たしたいニーズや，パンとあわせてランチにするニーズが増えており，自動販売機やコンビニエンスストアなどで，各社から新製品の発売が続いている。全国清涼飲料連合会の調べでは，2017年のドリンクスープの生産量は，2013年比43％増の3万2800klで4年連続で増加している。

　スープ飲料のトップシェアは，ポッカサッポロフード＆ビバレッジで，定番の「じっくりコトコト　とろ～りコーン」や「同オニオンコンソメ」に加え，2018年秋には「濃厚デミグラススープ」をラインナップに追加した。サントリー食品インターナショナルは、9月よりスープシリーズの「ビストロボス」の発売を全国の自動販売機で開始。キリンビバレッジも6月から「世界のkitchenから　とろけるカオスープ」を販売している。また，伊藤園は既存のみそ汁や野菜スープに追加して「とん汁」を発売，永谷園はJR東日本ウォータービジネスと共同開発したコラーゲン1000mg配合の「ふかひれスープ」をJR東日本の自動販売機で販売している。スムージーが好調なカゴメも販売地域は1都6県に限定しているが「野菜生活100　スムージー」シリーズとして10月より「とうもろこしのソイポタージュ」と「かぼちゃとにんじんのソイポタージュ」の販売を開始した。

❖ 酒類の動向

　国内大手4社によるビール類の2022年出荷量は，3億4000万ケース（1ケースは大瓶20本換算）で前年増。2023年10月の酒税改正で減税となるビールに追い風が吹いている。酒税法改正で，「アサヒスーパードライ」「キリン一番搾り」「サントリー生ビール」「サッポロ生ビール黒ラベル」などの主力缶製品が値下げ。となる見込みだ。

　2023年はコロナも開け，飲食店向けの業務用ビールは復調傾向にあるが，原材料の高騰もあり今回の改訂の恩恵は少ない。2022年に続き2023年も値上げされることになった。

●大手各社，積極的な海外進出もコロナが影を落とす

　酒類業界でもまた，海外市場を目指す動きが顕著になっている。国税庁

の発表では，2020年の国産酒類の輸出金額は前年比7.5％増の約710億円で，9年連続で過去最高。国内市場に縮小傾向が見える状況もあり，国内各社も，国産の輸出だけでなく，海外での製造・販売も含め，活動を活発化させている。

　2016年10月，「バドワイザー」や「コロナ」で知られるビール世界最大手アンハイザー・ブッシュ・インベブ（ベルギー）が，同2位の英SABミラーを約10兆円で買収し，世界シェアの3割を占める巨大企業が誕生した。同社は独占禁止法に抵触するのを避けるため，一部の事業を売却し，2016年から17年にかけて，アサヒがイタリアやオランダ，チェコなど中東欧のビール事業を総額約1兆2000億円で買収した。サントリーは2014年，米国蒸留酒大手ビーム社を1兆6500億円で買収し，相乗効果の創出を急いでいる。キリンは海外展開に苦戦しており，約3000億円を投じたブラジル事業を2017年に770億円でハイネケンに売却した。ただ，同年2月にはミャンマーのビール大手を買収し，すでに取得していた現地企業と合わせて，ミャンマーでの市場シェア9割を手中に収めている。また，ベトナムのビール事業で苦戦しているサッポロも，2017年に米国のクラフトビールメーカーであるアンカー・ブリューイング・カンパニーを買収した。同社のSAPPORO PREMIUM BEERは米国ではアジアビールブランドの売上トップであり，さらにクラフトビールを加えることで売上増を目指している。

　2020年は新型コロナウイルスの流行による影響で，飲食店で消費されるビールが減り，家庭で多く飲まれる第三のビールの販売量が増えた。在宅勤務や外出自粛などで運動不足になりがちな消費者が健康志向で発泡酒を求める動きもでてきている。

食品・飲料業界

直近の業界各社の関連ニュースを
ななめ読みしておこう。

食品値上げ一服、日用品は一段と　メーカー100社調査

消費財メーカー各社の値上げに一服感が漂っている。食品・日用品メーカーを対象に日経MJが10〜11月に実施した主力商品・ブランドの価格動向調査で、今後1年に値上げの意向を示した企業は51%と前回調査を11ポイント下回った。価格転嫁は進むものの販売量が減少。販路別の販売量では5割の企業がスーパー向けが減ったと回答した。

調査では今後1年間の値付けの意向について聞いた。値上げを「予定」「調整」「検討」すると回答した企業が全体の51%だった。3〜4月に実施した第1回調査からは24ポイント以上低下している。今回「値上げを予定」と回答した企業は22%と、前回調査を14ポイント下回った。

一方、価格を「変える予定はない」とした企業は6ポイント増の22%となった。値下げを「予定」「調整」「検討」と回答する企業は前回調査で1%だったが、今回は5%となった。直近3カ月で値上げした企業の割合は42%と、前回を9ポイント下回る。一方で「変えていない」とした企業は10ポイント増え59%となった。

値上げの一服感が顕著なのがここ2年ほど値上げを進めてきた食品各社。今後1年間の間に値上げを「予定」「調整」「検討」すると回答した企業の割合は計48%と、前回調査を10ポイント以上下回った。

こうした動きの背景の一つは消費者の値上げへの抵抗感が強まっていることだ。2021年以降に値上げした主力商品・ブランドについて「販売量は減った」と回答した企業は前回調査とほぼ同等の56%。値上げ前と比べ数量ベースで苦戦が続いている企業が多い状況がうかがえる。

「数量減があり、期待したほどの売り上げ増にはなっていない」と吐露するのはキッコーマンの中野祥三郎社長。同社は主力のしょうゆ関連調味料などを4月と8月に断続的に値上げした。収益改善効果を期待したが、国内の同調味料の

4～9月の売上高は前年同期比1.2%減となった。

今後については少しずつ値上げが浸透し数量ベースでも回復するとみるものの「食品業界全体で値上げが起こっているので、どうしても節約志向の面も出ている」と打ち明ける。

23年初めに家庭用・業務用の冷凍食品を最大25%値上げした味の素。同社によると、冷凍ギョーザ類では値上げ以降にそのシェアは13ポイント減の31%となり、1位の座を「大阪王将」を展開するイートアンドホールディングス（HD）に譲り渡すことになった。

実際、調査で聞いた「消費者の支出意欲」のDI（「高くなっている」から「低くなっている」を引いた指数）は前回から8ポイント悪化しマイナス16となった。3カ月後の業況見通しも7ポイント低下のマイナス11となり、前回調査と比べても消費者の財布のひもが固くなっている状況もうかがえる。

そんな節約意識の高まりで再び脚光を浴びているのが小売各社のPBだ。都内在住の40代の主婦は「同じようなものであればいいと、値ごろなPB（プライベートブランド）品を買う機会も増えてきた」と話す。

調査では、出荷先の業態ごとに1年前と比べた販売量の状況を聞いた。ドラッグストアとコンビニエンスストア向けは「変わらない」が最も多かったのに対し、食品スーパーや総合スーパー（GMS）は「減った」が最多となった。

実際、スーパー各社では売り上げに占めるPBの比率が増えている。ヤオコーはライフコーポレーションと共同開発した「スターセレクト」などが好調。23年4～9月期のPB売上高は前年同期比10%増となった。小売大手では、イオンが生鮮品を除く食品PBの半分の刷新を計画するなど需要獲得へ動きは広がる。

自社のブランドに加えてPBも生産する企業の思いは複雑だ。ニチレイの大櫛顕也社長は「開発コストなどを考えるとPBの方が有利な面もある」とする。一方で「収益性のよいものもあるが、相手先が終売を決めたとたんに収益がゼロになるリスクがある。ブランドを育てて展開する自社製品と異なる点だ」と語る。

一方で、値上げ局面が引き続き続くとみられるのが、日用品業界だ。食品より遅く22年前半頃から値上げを始めたこともあり、今回の調査では5割の企業が今後1年で値上げの意向を示した。食品メーカーを上回り、前回調査を17ポイント上回った。値上げを「予定」する企業に限ると前回調査はゼロだったが、今回は2割に増えた。

新型コロナウイルスによる社会的制約が一服したことから、外出機会が増加。それに伴い日用品業界は大手各社が主力とする洗剤や日焼け止め関連商品など

の需要が高まっており、他業界と比べ価格を引き上げやすい局面が続く。

値上げに積極的なのは最大手の花王。原材料高により22〜23年にかけて510億円と見込むマイナス影響のうち480億円を値上げでカバーする計画だ。UVケアなどを手掛ける事業は値上げしたものの数量ベースでも伸ばした。

エステーは「消臭力」の上位ランクに位置づけるシリーズで寝室向けの商品を発売。従来品の8割近く高い価格を想定している。

消費の減退が浮き彫りになる一方で原材料価格の見通しは不透明感を増している。食品・日用品各社のうち、仕入れ価格上昇が「24年7月以降も続く」と回答した企業は32%と、前回調査での「24年4月以降」を13ポイント下回った。一方で大きく増えたのが「わからない」の59%で、前回から18ポイント増加した。

J−オイルミルズの佐藤達也社長は「正直この先の原料価格の見通しを正確に読むことは私たちのみならずなかなかできないのではないか」と打ち明ける。不透明感が増す原材料価格も、企業の値上げへの考え方に影響を及ぼしている。

ただ、ここ2年で進んできた値上げは着実に浸透している。主力商品・ブランドのコスト上昇分を「多少なりとも価格転嫁できている」と回答した企業は9割を超え引き続き高水準だった。実勢価格について「想定通り上昇し、その価格が維持している」と回答した企業は56%で前回調査を8ポイント上回った。

茨城県在住の40代の主婦は「全体的に物価は上がってきている。高い金額に慣れてきてしまうのかなとも思う」と話す。メーカーと消費者心理の難しい駆け引きは続く。　　　　　　　　　　　（2023年12月2日　日本経済新聞）

マルコメなど、日本大豆ミート協会設立　市場拡大目指す

味噌製造大手のマルコメなど5社は24日、東京都内で「日本大豆ミート協会」の設立記者会見を開いた。大豆を原料に味や食感を肉に近づけた食品の普及を担う。2022年に制定された大豆ミートの日本農林規格（JAS）の見直しなど、業界のルール作りも進める。

同協会は9月1日設立で、マルコメのほか大豆ミート食品を販売するスターゼン、伊藤ハム米久ホールディングス、日本ハム、大塚食品が加盟する。会長はマルコメの青木時男社長、副会長はスターゼンの横田和彦社長が務める。

5社は大豆ミートのJAS規格制定で中心的な役割を担った。JAS規格は5年ごとに見直ししており、27年に向けて内容を精査する。事務局は「今後は多

くの企業の加盟を募りたい」としている。

健康志向の高まりや、人口増加にともなう世界的なたんぱく質不足への懸念から、植物由来の「プラントベースフード」への関心は世界的に高まっている。畜肉に比べて生産過程での環境負荷が低い大豆ミートは新たなたんぱく源として注目される。

日本能率協会の調査によると、19年度に15億円だった大豆ミートの国内市場規模は25年度には40億円になる見通しだ。それでも海外に比べればプラントベースフードの認知度は低い。青木時男会長は「加盟企業が一体となって商品の普及や市場拡大を図り、業界全体の発展を目指す」と話した。

（2023年10月24日　日本経済新聞）

農林水産品の輸出額最高　23年上半期7144億円

農林水産省は4日、2023年上半期（1~6月）の農林水産物・食品の輸出額が前年同期比9.6％増の7144億円となり、過去最高を更新したと発表した。上半期として7000億円を超えるのは初めてだ。

新型コロナウイルスの感染拡大に伴う行動制限の解除に加え、足元の円安で中国や台湾などアジアを中心に輸出額が伸びた。

内訳では農産物が4326億円、水産物が2057億円、林産物が307億円だった。1品目20万円以下の少額貨物は454億円だった。

品目別では清涼飲料水が前年同期比24％増の272億円となった。東南アジアを中心に単価の高い日本産の美容ドリンクなどの需要が高まったとみられる。

真珠は129％増の223億円だった。香港で4年ぶりに宝石の国際見本市が開催され、日本産真珠の需要が伸びた。漁獲量の減少を受け、サバはエジプトなどアフリカやマレーシア、タイといった東南アジア向けの輸出が減り、49％減の57億円にとどまった。

林産物のうち製材は44％減の30億円だった。米国の住宅ローン金利の高止まりを受けて住宅市場が低迷し、需要が減った。

輸出先の国・地域別でみると中国が1394億円で最も多く、香港の1154億円が続いた。台湾や韓国などアジア地域は前年同期比で相次いで10％以上増加した。物価高が続く米国では日本酒といった高付加価値品が苦戦し、7.9％減の964億円となった。

政府は農産品の輸出額を25年までに2兆円、30年までに5兆円まで拡大する

日標を掲げる。農水省によると、25年の目標達成には毎年12％程度の増加率を満たす必要がある。

22年には改正輸出促進法が施行し、輸出に取り組む「品目団体」を業界ごとに国が認定する制度が始まった。販路開拓や市場調査、海外市場に応じた規格策定などを支援している。

下半期には輸出減速のおそれもある。中国や香港が東京電力福島第1原子力発電所の処理水の海洋放出の方針に反発し、日本からの輸入規制の強化を打ち出しているためだ。日本産の水産物が税関で留め置かれる事例も発生している。

（2023年8月4日　日本経済新聞）

猛暑で消費押し上げ　飲料やアイスなど販売1～3割増

全国的な猛暑が個人消費を押し上げている。スーパーでは清涼飲料水やアイスなどの販売が前年比で1～3割ほど伸びている。都内ホテルのプールの利用も堅調だ。値上げの浸透やインバウンド（訪日外国人客）の回復で景況感が改善している消費関連企業にとって、猛暑はさらなる追い風となっている。

気象庁は1日、7月の平均気温が平年を示す基準値（1991～2020年の平均）を1.91度上回り、統計を開始した1898年以降で最も高くなったと発表した。8、9月も気温は全国的に平年よりも高く推移する見通しだ。

首都圏で食品スーパーを運営するいなげやでは、7月1～26日の炭酸飲料の販売が前年同時期と比較して33％増えた。消費者が自宅での揚げ物調理を控えたため、総菜のコロッケの販売も同31％増と大きく伸びた。

食品スーパーのサミットでは7月のアイスクリームの売上高が前年同月から11％伸びた。コンビニエンスストアのローソンでは7月24～30日の「冷しうどん」の販売が前年同期比6割増となった。

日用品や家電でも夏物商品の販売が好調だ。伊勢丹新宿本店（東京・新宿）では7月、サングラス（前年同月比69.9％増）や日焼け止めなど紫外線対策ができる化粧品（同63.7％増）の販売が大きく伸長した。ヤマダデンキではエアコンと冷蔵庫の7月の販売が、新型コロナウイルス禍での巣ごもり需要と政府からの特別給付金の支給で家電の買い替えが進んだ20年の7月を上回るペースで伸びているという。

メーカーは増産に動く。キリンビールは主力のビール「一番搾り」の生産を8月に前年同月比1割増やす予定だ。サントリーも8月、ビールの生産を前年同

月比5割増やす。花王は猛暑を受けて涼感を得られる使い捨てタオル「ビオレ冷タオル」の生産量を増やしている。

レジャー産業も猛暑の恩恵を受けている。品川プリンスホテル（東京・港）では、7月のプールの売上高は19年同月比で2.7倍となった。

個人消費の拡大につながるとされる猛暑だが、暑すぎることで販売が鈍る商品も出てきた。いなげやではチョコパンやジャムパンの販売が7月に前年から半減した。「猛暑だと甘いお菓子やパンの販売が落ちる」（同社）

菓子大手のロッテもチョコレートの販売が「7月は想定を下回った」という。一方、明治は夏向け商品として、定番のチョコレート菓子「きのこの山」のチョコレート部分がない「チョコぬいじゃった！きのこの山」を7月25日に発売した。計画を上回る売れ行きだという。

フマキラーによると、蚊の対策商品の7月24〜30日の販売が業界全体で前年同時期を3%下回った。「25〜30度が蚊の活動には適しているとされており、高温で蚊の活動が鈍っているとみられる」（同社）

第一生命経済研究所の永浜利広首席エコノミストの試算によると、7〜9月の平均気温が1度上昇すると約2900億円の個人消費の押し上げ効果が期待できるという。

消費関連企業の景況感を示す「日経消費DI」の7月の業況判断指数（DI）は、前回調査（4月）を11ポイント上回るプラス9となり1995年の調査開始以来の最高となった。今夏の猛暑が一段と消費を押し上げる可能性もある。

（2023年8月2日　日本経済新聞）

食品値上げ、大手から中堅企業に波及　店頭価格8.7%上昇

食品や日用品の店頭価格の上昇が続いている。POS（販売時点情報管理）データに基づく日次物価の前年比伸び率は6月28日時点で8.7%となった。昨年秋以降、業界大手を中心に価格改定に踏み切り、中堅企業などが追いかける「追随型値上げ」が多くの商品で広がっている。

デフレが長く続く日本では値上げで売り上げが落ち込むリスクが強く意識され、価格転嫁を避ける傾向があった。ウクライナ危機をきっかけに原材料高を商品価格に反映する動きが広がり、潮目が変わりつつある。

日経ナウキャスト日次物価指数から分析した。この指数はスーパーなどのPOSデータをもとにナウキャスト（東京・千代田）が毎日算出している。食品

や日用品の最新のインフレ動向をリアルタイムに把握できる特徴がある。

217品目のうち価格が上昇したのは199品目、低下は16品目だった。ロシアによるウクライナ侵攻が始まった2022年2月に価格が上昇していたのは130品目にとどまっていた。全体の前年比伸び率も当時は0.7%だった。

ヨーグルトの値段は22年夏までほぼ横ばいだったが、11月に6%上昇し、今年4月以降はその幅が10%となった。この2回のタイミングでは業界最大手の明治がまず値上げを発表し、森永乳業や雪印メグミルクなどが続いた。

その結果、江崎グリコなどシェアが高くないメーカーも値上げしやすい環境になり、業界に波及した。

冷凍総菜も昨年6月は4%程度の上昇率だったが、11月に9%まで加速し、23年6月は15%まで上がった。味の素冷凍食品が2月に出荷価格を上げたことが影響する。

ナウキャストの中山公汰氏は「値上げが大手だけでなく中堅メーカーに広がっている」と話す。

ナウキャストによると、値上げをしてもPOSでみた売上高は大きく落ちていないメーカーもみられる。インフレが定着しつつあり、値上げによる客離れがそこまで深刻化していない可能性がある。

品目の広がりも鮮明だ。ウクライナ侵攻が始まった直後は食用油が15%、マヨネーズが11%と、資源価格の影響を受けやすい商品が大きく上昇する傾向にあった。

23年6月は28日までの平均で生鮮卵が42%、ベビー食事用品が26%、水産缶詰が21%の上昇になるなど幅広い商品で2ケタの値上げがみられる。

日本は米欧に比べて価格転嫁が遅れ気味だと指摘されてきた。食品価格の上昇率を日米欧で比べると米国は昨年夏に10%強まで加速したが、足元は6%台に鈍化した。ユーロ圏は今年3月に17%台半ばまで高まり、5月は13%台に鈍った。

日本は昨夏が4%台半ば、昨年末は7%、今年5月に8%台半ばと、上げ幅が徐々に高まってきた。直近では瞬間的に米国を上回る伸び率になった。

帝国データバンクが主要食品企業を対象に調査したところ7月は3566品目で値上げが予定されている。昨年10月が7864件と多かったが、その後も幅広く価格改定の表明が続く。

昨年、一時的に10%を超えた企業物価指数は足元で5%台まで伸びが鈍化しており、資源高による川上価格の上昇は一服しつつある。

それでも昨年からの仕入れ価格上昇や足元の人件費増を十分に価格転嫁ができ

ているとは限らず、値上げに踏み切るメーカーは今後も出てくると予想される。日本のインフレも長引く様相が強まっている。

（2023年7月3日　日本経済新聞）

東京都、フードバンク寄付に助成　食品ロス対策を加速

東京都は食品ロスの削減に向けた対策を拡充する。フードバンク団体へ食品を寄付する際の輸送費の助成のほか、消費者向けの普及啓発のコンテンツも作成。商習慣などにより発生する食品ロスを減らし、廃棄ゼロに向けた取り組みを加速する。

2023年度から中小小売店が未利用食品をフードバンク活動団体に寄付する際の輸送費の助成を始める。今年度予算に関連費用1億円を計上した。フードバンクは食品の品質には問題がないが、賞味期限が近いなどの理由で通常の販売が困難な食品を福祉施設や生活困窮者へ無償提供する団体。都は企業などからフードバンクや子ども食堂に寄付する配送費の助成により、寄贈ルートの開拓につなげたい考えだ。

小売業界は鮮度を重視する消費者の需要に対応するため、メーカーが定める賞味期限の3分の1を過ぎるまでに納品する「3分の1ルール」が慣習となっている。メーカーや卸による納品期限を過ぎると賞味期限まで数カ月残っていても商品はメーカーなどに返品され、大半が廃棄されるため食品ロスの一因となっていた。

また、都は店舗における食品の手前取りの啓発事業なども始める。陳列棚の手前にある販売期限が近い商品を優先して購入してもらう。業種ごとに食品の廃棄実態の調査をし、消費者の行動変容を促すための普及啓発のコンテンツも作成する。関連経費として4千万円を予算に計上した。

東京都の食品ロス量は19年度で約44.5万トンと推計されており、00年度の約76万トンから年々減少傾向にある。都は00年度比で30年に食品ロス半減、50年に実質ゼロの目標を掲げており、2月に有識者らからなる会議で賞味期限前食品の廃棄ゼロ行動宣言を採択した。

独自のフードロス対策を進める自治体もある。台東区は4月、都内の自治体として初めて無人販売機「fuubo（フーボ）」を区役所に設置した。パッケージ変更などで市場に流通できなくなった商品を3〜9割引きで購入できる。賞味期限が近づくほど割引率が上がるシステムだ。区民に食品ロス削減の取り組みを

知ってもらい、実際の行動に移してもらう考えだ。

（2023年5月12日　日本経済新聞）

ビール系飲料販売22年2％増　業務用回復、アサヒ首位に

アサヒビールなどビール大手4社の2022年のビール系飲料国内販売数量は前年比2％増の約3億4000万ケースとなり、18年ぶりに前年を上回った。外食需要が回復し、飲食店向けが伸びた。業務用に強いアサヒが3年ぶりにシェア首位となった。新型コロナウイルス禍前の19年比では市場全体で1割減少しており、各社とも23年10月に減税となるビールに力を入れる。

各社が13日までに発表した22年の販売実績などを基に推計した。飲食店向けなど業務用の22年の販売数量は前年比4割増えた。21年に緊急事態宣言下などでの酒類販売の制限で落ち込んだ反動に加えて、外食需要の回復が寄与した。一方、家庭向けは3％減った。コロナ禍から回復し外食需要が戻ったことで「家飲み」の機会が減少した。ジャンル別ではビールが14％増、発泡酒が4％減、第三のビールは7％減だった。

10月には各社が家庭用では14年ぶりとなる値上げを実施した。第三のビールを中心に駆け込み需要が発生した。第三のビールはその反動もあり、減少傾向には歯止めがかからなかった。

家飲みから外食へ消費が移り、家庭用に強いキリンビールがシェアを落とす一方、業務用で高いシェアを持つアサヒは販売を増やした。ビール系飲料全体のシェアはアサヒが36.5％となり、35.7％のキリンを逆転した。

18年ぶりにプラスとなったものの、長期的にみると、市場の縮小傾向は変わらない。キリンビールの堀口英樹社長は22年のビール市場を「コロナで落ち込んだ業務用の回復が大きい」と分析する。その業務用も19年比では4割近く減っている。

23年はビール系飲料全体の販売数量が最大で3〜4％減少する見通し。10月の酒税改正で増税となる第三のビールの落ち込みや、物価の高騰による消費の低迷を見込む。

（2023年1月13日　日本経済新聞）

現職者・退職者が語る 食品・飲料業界の口コミ

※編集部に寄せられた情報を基に作成

▶労働環境

職種：法人営業　　年齢・性別：30代前半・男性

- 明るく前向きで，仕事に対して非常にまじめな方が多いです。
- 助け合いの精神が，社風から自然に培われているように感じます。
- 上司の事も『さん』付けで呼ぶなど，上層部との距離が近いです。
- ピンチになった時など，先輩方がきちんとフォローしてくれます。

職種：製品開発（食品・化粧品）　　年齢・性別：20代後半・男性

- やる人のモチベーションによって正当な評価をしてくれます。
- 新人にこんな重要な仕事を任せるのかと不安になることもあります。
- 大きな仕事を乗り越えた後には，自分が成長したことを実感します。
- 自分を売り込んでガンガン活躍したい人には良い環境だと思います。

職種：法人営業　　年齢・性別：20代後半・男性

- 昇給制度や評価制度は，残念ながら充実しているとは言えません。
- 頑張りによって給料が上がるわけではなく，年功序列型のため，特に20代の若いうちは，みんな横並びで物足りないかもしれません。
- 今は課長職が飽和状態なので，昇進には時間がかかります。

職種：代理店営業　　年齢・性別：20代前半・男性

- この規模の企業としては，給与は非常に良いと思います。
- 年功序列が根強く残っており，確実に基本給与は上がっていきます。
- 賞与については上司の評価により変動するので，何とも言えません。
- 最近は中途採用も増えてきましたが，差別なく評価してもらえます。

▶ 福利厚生

職種：法人営業　　年齢・性別：20代後半・男性

- 福利厚生はかなり充実していて，さすが大企業という感じです。
- 宿泊ホテルの割引きや，スポーツジムも使えるのでとても便利。
- 残業については，あったりなかったり，支社によってバラバラです。
- 売り上げなどあまり厳しく言われないので気持ちよく働けます。

職種：生産技術・生産管理（食品・化粧品）　　年齢・性別：20代後半・男性

- 留学制度などがあるので，自分のやる気次第で知識を得られます。
- 食品衛生など安全面の知識を学習する機会もきちんとあります。
- 研修制度は整っているのでそれをいかに活用できるかだと思います。
- 意欲を持って取り組めばどんどん成長できる環境にあると思います。

職種：ルートセールス・代理店営業　　年齢・性別：20代後半・男性

- 休暇は比較的取りやすく，有給休暇の消化も奨励されています。
- 住宅補助は手厚く，40代になるまで社宅住まいの人も多くいます。
- 社内応募制度もありますが，どこまで機能しているのかは不明です。
- 出産育児支援も手厚く，復帰してくる女性社員も見かけます。

職種：技術関連職　　年齢・性別：20代前半・男性

- 福利厚生については，上場企業の中でも良い方だと思います。
- 独身寮もあり，社食もあるため生活費はだいぶ安くすみます。
- 結婚や30歳を過ぎると寮を出ることになりますが家賃補助が出ます。
- 残業は1分でも過ぎたらつけてもよく，きちんと支払われます。

▶仕事のやりがい

職種：法人営業　　年齢・性別：30代前半・男性

・ 自社ブランドの製品に愛着があり，それがやりがいになっています。
　食品という競合他社の多い商品を扱う難しさはありますが。
・ 消費者にどう商品を届けるかを考えるのは大変ですが楽しいです。
・ 得意先と共通の目的をもって戦略を練るのも非常に面白く感じます。

職種：法人営業　　年齢・性別：30代前半・男性

・ 自社製品が好きで自分の興味と仕事が一致しているので面白いです。
・ スーパーなど流通小売の本部への営業はとてもやりがいがあります
　が，販売のボリュームも大きく，数字に対しての責任も感じています。
・ 競合に負けないようモチベーションを保ち，日々活動しています。

職種：技能工（整備・メカニック）　　年齢・性別：20代後半・男性

・ 若い時から大きな仕事を1人で任されることがあり非常に刺激的。
・ 大きな仕事をやりきると，その後の会社人生にプラスになります。
・ やはり本社勤務が出世の近道のようです。
・ シェアをどう伸ばすかを考えるのも大変ですがやりがいがあります。

職種：個人営業　　年齢・性別：20代後半・女性

・ 仕事の面白みは，手がけた商品を世の中に提供できるという点です。
・ 商品を手に取るお客さんの姿を見るのは非常に嬉しく思います。
・ 商品企画に携わることができ，日々やりがいを感じています。
・ シェアが業界的に飽和状態なのでより良い商品を目指し奮闘中です。

▶ ブラック？ホワイト？

職種：研究開発　　年齢・性別：40代後半・男性

・最近は課長に昇進する女性が増え，部長になる方も出てきました。
・女性の場合は独身か，子供がいない既婚者は出世をしています。
・育児休暇を取る人はやはり出世は遅れてしまうようです。
・本当に男女平等になっているかどうかは何ともいえません。

職種：営業関連職　　年齢・性別：20代後半・男性

・ワークライフバランスについてはあまり良くありません。
・一応週休2日制としていますが，実際には週に1日休めれば良い方。
・基本的に残業体質のため，日付が変わる時間まで残業する部署も。
・長期の休みは新婚旅行と永年勤続表彰での旅行以外では取れません。

職種：法人営業　　年齢・性別：20代前半・女性

・総合職で大卒の女性社員が非常に少ないです。
・拘束時間の長さ，産休などの制度が不確立なためかと思います。
・業界全体に，未だに男性優位な風潮が見られるのも問題かと。
・社風に関しても時代の変化に対応しようとする動きは見られません。

職種：営業関連職　　年齢・性別：20代後半・男性

・寮費は安く水道光熱費も免除ですが，2～4人部屋です。
・寮にいる限り完全にプライベートな時間というのは難しいです。
・食事に関しては工場内に食堂があるので，とても安く食べられます。
・社員旅行はほぼ強制参加で，旅費は給与天引きの場合もあります。

▶ 女性の働きやすさ

職種：ソフトウェア関連職　　年齢・性別：40代前半・男性

- 女性の管理職も多く，役員まで上り詰めた方もいます。
- 特に女性だから働きにくい，という社風もないと思います。
- 男性と同じように評価もされ，多様な働き方を選ぶことができて，多くの女性にとっては働きやすく魅力的な職場といえると思います。

職種：法人営業　　年齢・性別：20代後半・男性

- 社員に非常に優しい会社なので，とても働きやすいです。
- 女性には優しく，育休後に復帰しにくいということもありません。
- 出産後の時短勤務も可能ですし，男性社員の理解もあります。
- 会社として女性管理職を増やす取り組みに力を入れているようです。

職種：研究開発　　年齢・性別：40代前半・男性

- 課長くらいまでの昇進なら，男女差はあまりないようです。
- 部長以上になると女性は極めて少ないですが，ゼロではありません。
- 女性の場合，時短や育児休暇，介護休暇等の制度利用者は多いです。
- 育休や介護休暇が昇進にどう影響するかは明確ではありません。

職種：研究・前臨床研究　　年齢・性別：30代前半・男性

- 「男性と変わらず管理職を目指せます！」とはいい難い職場です。
- 産休などは充実していますが，体育会系の男性の職場という雰囲気。
- 管理職でなければ，女性で活躍しておられる方は多くいます。
- もしかすると5年後には状況は変わっているかもしれません。

▶今後の展望

職種：営業　　年齢・性別：20代後半・男性

・今後の事業の流れとしては，海外進出と健康関連事業がカギかと。
・東南アジアでは日本の成功事例を元に売上の拡大が続いています。
・世界各国でのM＆Aの推進による売上規模の拡大も期待できます。
・新市場開拓としては，アフリカや中南米に力を入れていくようです。

職種：営業　　年齢・性別：20代後半・女性

・原材料の高騰など国内事業は厳しさを増しています。
・海外事業の展開も現状芳しくなく，今後の見通しは良くないです。
・新商品やマーケティングではスピードが求められています。
・近年は農業部門に力を入れており，評価の高さが今後の強みかと。

職種：製造　　年齢・性別：20代後半・男性

・国内でパイを争っており，海外での売上が見えません。
・他のメーカーに比べ海外展開が弱く，かなり遅れをとっています。
・国内市場は縮小傾向にあるため，海外展開が弱いのは厳しいかと。
・今後は海外戦略へ向け，社員教育の充実が必要だと思います。

職種：営業　　年齢・性別：20代後半・女性

・家庭用商品には強いですが，外食，中食業界での競争力が弱いです
・今後は，業務用，高齢者や少人数家族向け商品を強化する方針です。
・健康食品分野や通信販売等へも，積極的に取り組むようです。
・アジア市場の開拓を中心とした，海外事業の展開が進んでいます。

食品・飲料業界　国内企業リスト（一部抜粋）

区別	会社名	本社住所
食料品（東証一部）	日本製粉株式会社	東京都渋谷区千駄ヶ谷 5-27-5
	株式会社 日清製粉グループ本社	東京都千代田区神田錦町一丁目 25 番地
	日東富士製粉株式会社	東京都中央区新川一丁目 3 番 17 号
	昭和産業株式会社	東京都千代田区内神田 2 丁目 2 番 1 号 （鎌倉河岸ビル）
	鳥越製粉株式会社	福岡市博多区比恵町 5-1
	協同飼料株式会社	神奈川県横浜市西区高島 2-5-12 横浜 DK ビル
	中部飼料株式会社	愛知県知多市北浜町 14 番地 6
	日本配合飼料株式会社	横浜市神奈川区守屋町 3 丁目 9 番地 13 TVP ビルディング
	東洋精糖株式会社	東京都中央区日本橋小網町 18 番 20 号 洋糖ビル
	日本甜菜製糖株式会社	東京都港区三田三丁目 12 番 14 号
	三井製糖株式会社	東京都中央区日本橋箱崎町 36 番 2 号 （リバーサイド読売ビル）
	森永製菓株式会社	東京都港区芝 5-33-1
	株式会社中村屋	東京都新宿区新宿三丁目 26 番 13 号
	江崎グリコ株式会社	大阪府大阪市西淀川区歌島 4 丁目 6 番 5 号
	名糖産業株式会社	愛知県名古屋市西区笹塚町二丁目 41 番地
	株式会社不二家	東京都文京区大塚 2-15-6
	山崎製パン株式会社	東京都千代田区岩本町 3-10-1
	第一屋製パン株式会社	東京都小平市小川東町 3 丁目 6 番 1 号
	モロゾフ株式会社	神戸市東灘区向洋町西五丁目 3 番地
	亀田製菓株式会社	新潟県新潟市江南区亀田工業団地 3-1-1
	カルビー株式会社	東京都千代田区丸の内 1-8-3 丸の内トラストタワー本館 22 階

区別	会社名	本社住所
食料品（東証一部）	森永乳業株式会社	東京都港区芝五丁目 33 番 1 号
	六甲バター株式会社	神戸市中央区坂口通一丁目 3 番 13 号
	株式会社ヤクルト本社	東京都港区東新橋 1 丁目 1 番 19 号
	明治ホールディングス株式会社	東京都中央区京橋二丁目 4 番 16 号
	雪印メグミルク株式会社	北海道札幌市東区苗穂町 6 丁目 1 番 1 号
	プリマハム株式会社	東京都品川区東品川 4 丁目 12 番 2 号 品川シーサイドウエストタワー
	日本ハム株式会社	大阪市北区梅田二丁目 4 番 9 号 ブリーゼタワー
	伊藤ハム株式会社	兵庫県西宮市高畑町 4 − 27
	林兼産業株式会社	山口県下関市大和町二丁目 4 番 8 号
	丸大食品株式会社	大阪府高槻市緑町 21 番 3 号
	米久株式会社	静岡県沼津市岡宮寺林 1259 番地
	エスフーズ株式会社	兵庫県西宮市鳴尾浜 1 丁目 22 番 13
	サッポロホールディングス株式会社	東京都渋谷区恵比寿四丁目 20 番 1 号
	アサヒグループホールディングス株式会社	東京都墨田区吾妻橋 1-23-1
	キリンホールディングス株式会社	東京都中野区中野 4-10-2 中野セントラルパークサウス
	宝ホールディングス株式会社	京都市下京区四条通烏丸東入長刀鉾町 20 番地
	オエノンホールディングス株式会社	東京都中央区銀座 6-2-10
	養命酒製造株式会社	東京都渋谷区南平台町 16-25
	コカ・コーラウエスト株式会社	福岡市東区箱崎七丁目 9 番 66 号
	コカ・コーライーストジャパン株式会社	東京都港区芝浦 1 丁目 2 番 3 号 シーバンス S 館

区別	会社名	本社住所
食料品（東証一部）	サントリー食品インターナショナル株式会社	東京都中央区京橋三丁目 1-1 東京スクエアガーデン 9・10 階
	ダイドードリンコ株式会社	大阪市北区中之島二丁目 2 番 7 号
	株式会社伊藤園	東京都渋谷区本町 3 丁目 47 番 10 号
	キーコーヒー株式会社	東京都港区西新橋 2-34-4
	株式会社ユニカフェ	東京都港区新橋六丁目 1 番 11 号
	ジャパンフーズ株式会社	千葉県長生郡長柄町皿木 203 番地 1
	日清オイリオグループ株式会社	東京都中央区新川一丁目 23 番 1 号
	不二製油株式会社	大阪府泉佐野市住吉町 1 番地
	かどや製油株式会社	東京都品川区西五反田 8-2-8
	株式会社 J- オイルミルズ	東京都中央区明石町 8 番 1 号 聖路加タワー 17F ～ 19F
	キッコーマン株式会社	千葉県野田市野田 250
	味の素株式会社	東京都中央区京橋一丁目 15 番 1 号
	キユーピー株式会社	東京都渋谷区渋谷 1-4-13
	ハウス食品グループ本社株式会社	東京都千代田区紀尾井町 6 番 3 号
	カゴメ株式会社	愛知県名古屋市中区錦 3 丁目 14 番 15 号
	焼津水産化学工業株式会社	静岡県焼津市小川新町 5 丁目 8-13
	アリアケジャパン株式会社	東京都渋谷区恵比寿南 3-2-17
	株式会社ニチレイ	東京都中央区築地六丁目 19 番 20 号 ニチレイ東銀座ビル
	東洋水産株式会社	東京都港区港南 2 丁目 13 番 40 号
	日清食品ホールディングス株式会社	東京都新宿区新宿六丁目 28 番 1 号
	株式会社永谷園	東京都港区西新橋 2 丁目 36 番 1 号
	フジッコ株式会社	神戸市中央区港島中町 6 丁目 13 番地 4

区別	会社名	本社住所
食料品（東証一部）	株式会社ロック・フィールド	神戸市東灘区魚崎浜町 15 番地 2
	日本たばこ産業株式会社	東京都港区虎ノ門 2-2-1
	ケンコーマヨネーズ株式会社	兵庫県神戸市灘区都通 3 丁目 3 番 16 号
	わらべや日洋株式会社	東京都小平市小川東町 5-7-10
	株式会社なとり	東京都北区王子 5 丁目 5 番 1 号
	ミヨシ油脂株式会社	東京都葛飾区堀切 4-66-1
水産・農林業	株式会社 極洋	東京都港区赤坂三丁目 3 番 5 号
	日本水産株式会社	東京都千代田区大手町 2-6-2（日本ビル 10 階）
	株式会社マルハニチロホールディングス	東京都江東区豊洲三丁目 2 番 20 号 豊洲フロント
	株式会社 サカタのタネ	横浜市都筑区仲町台 2-7-1
	ホクト株式会社	長野県長野市南堀 138-1
食料品（東証二部）	東福製粉株式会社	福岡県福岡市中央区那の津 4 丁目 9 番 20 号
	株式会社増田製粉所	神戸市長田区梅ケ香町 1 丁目 1 番 10 号
	日和産業株式会社	神戸市東灘区住吉浜町 19-5
	塩水港精糖株式会社	東京都中央区日本橋堀留町 2 丁目 9 番 6 号 ニュー ESR ビル
	フジ日本精糖株式会社	東京都中央区日本橋茅場町 1-4-9
	日新製糖株式会社	東京都中央区日本橋小網町 14-1 住生日本橋小網町ビル
	株式会社ブルボン	新潟県柏崎市松波 4 丁目 2 番 14 号
	井村屋グループ株式会社	三重県津市高茶屋七丁目 1 番 1 号
	カンロ株式会社	東京都中野区新井 2 丁目 10 番 11 号
	寿スピリッツ株式会社	鳥取県米子市旗ケ崎 2028 番地
	福留ハム株式会社	広島市西区草津港二丁目 6 番 75 号

区別	会社名	本社住所
食料品（東証二部）	ジャパン・フード＆リカー・アライアンス株式会社	香川県小豆郡小豆島町苗羽甲 1850 番地
	北海道コカ・コーラボトリング株式会社	札幌市清田区清田一条一丁目 2 番 1 号
	ボーソー油脂株式会社	東京都中央区日本橋本石町四丁目 5-12
	攝津製油株式会社	大阪府堺市西区築港新町一丁 5 番地 10
	ブルドックソース株式会社	東京都中央区日本橋兜町 11-5
	エスビー食品株式会社	東京都中央区日本橋兜町 18 番 6 号
	ユタカフーズ株式会社	愛知県知多郡武豊町字川脇 34 番地の 1
	株式会社 ダイショー	東京都墨田区亀沢 1 丁目 17-3
	株式会社ピエトロ	福岡市中央区天神 3-4-5
	アヲハタ株式会社	広島県竹原市忠海中町一丁目 1 番 25 号
	はごろもフーズ株式会社	静岡県静岡市清水区島崎町 151
	株式会社セイヒョー	新潟市北区島見町 2434 番地 10
	イートアンド株式会社	東京都港区虎ノ門 4 丁目 3 番 1 号 城山トラストタワー 18 階
	日本食品化工株式会社	東京都千代田区丸の内一丁目 6 番 5 号 丸の内北口ビル 20 階
	石井食品株式会社	千葉県船橋市本町 2-7-17
	シノブフーズ株式会社	大阪市西淀川区竹島 2 丁目 3 番 18 号
	株式会社あじかん	広島市西区商工センター七丁目 3 番 9 号
	旭松食品株式会社	長野県飯田市駄科 1008
	サトウ食品工業株式会社	新潟県新潟市東区宝町 13 番 5 号
	イフジ産業株式会社	福岡県糟屋郡粕屋町大字戸原 200-1
	理研ビタミン株式会社	東京都千代田区三崎町 2-9-18 TDC ビル 11・12 階

第**3**章

就職活動のはじめかた

入りたい会社は決まった。しかし「就職活動とはそもそ
も何をしていいのかわからない」「どんな流れで進むか
わからない」という声は意外と多い。ここでは就職活
動の一般的な流れや内容，対策について解説していく。

▶就職活動のスケジュール

3月	**4**月	**6**月

就職活動スタート

2025年卒の就活スケジュールは,経団連と政府を中心に議論され,2024年卒の採用選考スケジュールから概ね変更なしとされている。

エントリー受付・提出

企業の説明会には積極的に参加しよう。独自の企業研究だけでは見えてこなかった新たな情報を得る機会であるとともに,モチベーションアップにもつながる。また,説明会に参加した者だけに配布する資料などもある。

OB・OG訪問

合同企業説明会　　**個別企業説明会**

筆記試験・面接試験等始まる（3月〜）

内々定（大手企業）

2月末までにやっておきたいこと

就職活動が本格化する前に, 以下のことに取り組んでおこう。
　◎自己分析　◎インターンシップ　◎筆記試験対策
　◎業界研究・企業研究　◎学内就職ガイダンス
自分が本当にやりたいことはなにか, 自分の能力を最大限に活かせる会社はどこか。自己分析と企業研究を重ね, それを文章などにして明確にしておき, 面接時に最大限に活用できるようにしておこう。

月　　　　　**8月**　　　　　**10月**

中 小 企 業 採 用 本 格 化

内定者の数が採用予定数に満たない企業，1年を通して採用を継続している企業，夏休み以降に採用活動を実施企業（後期採用）は採用活動を継続して行っている。大企業でも後期採用を行っていることもあるので，企業から内定が出ても，納得がいかなければ継続して就職活動を行うこともある。

中小企業の採用が本格化するのは大手企業より少し遅いこの時期から。HPなどで採用情報をつかむとともに，企業研究も怠らないようにしよう。

内々定とは10月1日以前に通知（電話等）されるもの。内定に関しては現在協定があり，10月1日以降に文書等にて通知される。

内々定（中小企業）　　　　**内定式（10月〜）**

どんな人物が求められる？

多くの企業は，常識やコミュニケーション能力があり，社会のできごとに高い関心を持っている人物を求めている。これは「会社の一員として将来の企業発展に寄与してくれるか」という視点に基づく，もっとも普遍的な選考基準だ。もちろん，「自社の志望を真剣に考えているか」「自社の製品，サービスにどれだけの関心を向けているか」という熱意の部分も重要な要素になる。

理論編

就活ロールプレイ！

理論編 STEP 1　就職活動のスタート

内定までの道のりは，大きく分けると以下のようになる。

自 己 分 析

↓

企 業 研 究

↓

エントリーシート・筆記試験・面接

↓

内　定

01　まず自己分析からスタート

　就職活動とは，「企業に自分をPRすること」。自分自身の興味，価値観に加えて，強み・能力という要素が加わって，初めて企業側に「自分が働いたら，こういうポイントで貢献できる」と自分自身を売り込むことができるようになる。

■自分の来た道を振り返る

　自己分析をするための第一歩は，「振り返ってみる」こと。

　小学校，中学校など自分のいた"場"ごとに何をしたか（部活動など），何を学んだか，交友関係はどうだったか，興味のあったこと，覚えている印象的なことを書き出してみよう。

■テストを受けてみる

　"自分では気がついていない能力"を客観的に検査してもらうことで，自分に向いている職種が見えてくる。下記の5種類が代表的なものだ。

①職業適性検査　　②知能検査　　③性格検査

④職業興味検査　　⑤創造性検査

■先輩や専門家に相談してみる

　就職活動をするうえでは，"いかに他人に自分のことをわかってもらうか"が重要なポイント。他者の視点で自分を分析してもらうことで，より客観的な視点で自己PRができるようになる。

自己分析の流れ

❏過去の経験を書いてみる

❏現在の自己イメージを明確にする…行動，考え方，好きなものなど。

❏他人から見た自分を明確にする

❏将来の自分を明確にしてみる…どのような生活をおくっていたいか。期待，夢，願望。なりたい自分はどういうものか，掘り下げて考える。→自己分析結果を，志望動機につなげていく。

理論編 STEP2　企業の情報を収集する

01 企業の絞り込み

　志望企業の絞り込みについての考え方は大きく分けて2つある。

　第1は，同一業種の中で1次候補，2次候補……と絞り込んでいく方法。

　第2は，業種を1次，2次，3次候補と変えながら，それぞれに2社程度ずつ絞り込んでいく方法。

　第1の方法では，志望する同一業種の中で，一流企業，中堅企業，中小企業，縁故などがある歯止めの会社……というふうに絞り込んでいく。

　第2の方法では，自分が最も望んでいる業種，将来好きになれそうな業種，発展性のある業種，安定性のある業種，現在好況な業種……というふうに区別して，それぞれに適当な会社を絞り込んでいく。

02 情報の収集場所

・キャリアセンター

・新聞

・インターネット

・企業情報

『就職四季報』（東洋経済新報社刊），『日経会社情報』（日本経済新聞社刊）などの企業情報。この種の資料は本来"株式市場"についての資料だが，その時期の景気動向を含めた情報を仕入れることができる。

・経済雑誌

『ダイヤモンド』（ダイヤモンド社刊）や『東洋経済』（東洋経済新報社刊），『エコノミスト』（毎日新聞出版刊）など。

・OB・OG／社会人

03 志望企業をチェック

①成長力

　まず"売上高"。次に資本力の問題や利益率などの比率。いくら資本金があっても，それを上回る膨大な借金を抱えていて，いくら稼いでも利払いに追われまくるようでは，成長できないし，安定できない。

　成長力を見るには自己資本率を割り出してみる。自己資本を総資本で割って100を掛けると自己資本率がパーセントで出てくる。自己資本の比率が高いほうが成長力もあり安定度も高い。

　利益率は純利益を売上高で割って100を掛ける。利益率が高ければ，企業はどんどん成長するし，社員の待遇も上昇する。利益率が低いということは，仕事がどんなに忙しくても利益にはつながらないということになる。

②技術力

　技術力は，短期的な見方と長期的な展望が必要になってくる。研究部門が適切な規模か，大学など企業外の研究部門との連絡があるか，先端技術の分野で開発を続けているかどうかなど。

③経営者と経営形態

　会社が将来，どのような発展をするか，または衰退するかは経営者の経営哲学，経営方針によるところが大きい。社長の経歴を知ることも必要。創始者の息子，孫といった親族が社長をしているのか，サラリーマン社長か，官庁などからの天下りかということも大切なチェックポイント。

④社風

　社風というのは先輩社員から後輩社員に伝えられ，教えられるもの。社風もいろいろな面から必ずチェックしよう。

⑤安定性

　企業が成長しているか，安定しているかということは車の両輪。どちらか片方の回転が遅くなっても企業はバランスを失う。安定し，しかも成長する。これが企業として最も理想とするところ。

⑥待遇

　初任給だけを考えてみても，それが手取りなのか，基本給なのか。基本給というのはボーナスから退職金，定期昇給の金額にまで響いてくる。また，待遇というのは給与ばかりではなく，福利厚生施設でも大きな差が出てくる。

■そのほかの会社比較の基準

1. ゆとり度

休暇制度は，企業によって独自のものを設定しているところもある。「長期休暇制度」といったものなどの制定状況と，また実際に取得できているかどうかも調べたい。

2. 独身寮や住宅設備

最近では，社宅は廃止し，住宅手当を多く出すという流れもある。寮や社宅についての福利厚生は調べておく。

3. オフィス環境

会社に根づいた慣習や社員に対する考え方が，意外にオフィスの設備やレイアウトに表れている場合がある。

たとえば，個人の専有スペースの広さや区切り方，パソコンなどOA機器の設置状況，上司と部下の机の配置など，会社によってずいぶん違うもの。玄関ロビーや受付の様子を観察するだけでも，会社ごとのカラーや特徴がどこかに見えてくる。

4. 勤務地

転勤はイヤ，どうしても特定の地域で生活していきたい。そんな声に応えて，最近は流通業などを中心に，勤務地限定の雇用制度を取り入れる企業も増えている。

---

column　初任給では分からない本当の給与

会社の給与水準には「初任給」「平均給与」「平均ボーナス」「モデル給与」など，判断材料となるいくつかのデータがある。これらのデータからその会社の給料の優劣を判断するのは非常に難しい。

たとえば中小企業の中には，初任給が飛び抜けて高い会社がときどきある。しかしその後の昇給率は大きくないのがほとんど。

一方，大手企業の初任給は業種間や企業間の差が小さく，ほとんど横並びと言っていい。そこで，「平均給与」や「平均ボーナス」などで将来の予測をするわけだが，これは一応の目安とはなるが，個人差があるので正確とは言えない。

04 就職ノートの作成

■決定版「就職ノート」はこう作る

1冊にすべて書き込みたいという人には,ルーズリーフ形式のノートがお勧め。会社研究, スケジュール, 時事用語, OB／OG訪問, 切り抜きなどの項目を作りインデックスをつける。

カレンダー, 説明会, 試験などのスケジュール表を貼り, とくに会社別の説明会, 面談, 書類提出, 試験の日程がひと目で分かる表なども作っておく。そして見開き2ページで1社を載せ,左ページに企業研究,右ページには志望理由,自己PRなどを整理する。

就職ノートの主なチェック項目

❏企業研究…資本金, 業務内容, 従業員数など基礎的な会社概要から, 過去の採用状況, 業務報告などのデータ

❏採用試験メモ…日程, 条件, 提出書類, 採用方法, 試験の傾向など

❏店舗・営業所見学メモ…流通関係, 銀行などの場合は, 客として訪問し, 商品 (値段, 使用価値, ユーザーへの配慮), 店員 (接客態度, 商品知識, 熱意, 親切度), 店舗 (ショーケース, 陳列の工夫, 店内の清潔さ) などの面をチェック

❏OB／OG訪問メモ…OB／OGの名前, 連絡先, 訪問日時, 面談場所, 質疑応答のポイント, 印象など

❏会社訪問メモ…連絡先, 人事担当者名, 会社までの交通機関, 最寄り駅からの地図, 訪問のときに得た情報や印象, 訪問にいたるまでの経過も記入

05 「OB／OG訪問」

「OB／OG訪問」は，実際は採用予備選考開始。まず，OB／OG訪問を希望したら，大学のキャリアセンター，教授などの紹介で，志望企業に勤める先輩の手がかりをつかむ。もちろん直接電話なり手紙で，自分の意向を会社側に伝えてもいい。自分の在籍大学，学部をはっきり言って，「先輩を紹介していただけないでしょうか」と依頼しよう。

参考 ▶ ## OB／OG訪問時の質問リスト例

●採用について
- ・成績と面接の比重
- ・採用までのプロセス（日程）
- ・面接は何回あるか
- ・面接で質問される事項　etc.
- ・評価のポイント
- ・筆記試験の傾向と対策
- ・コネの効力はどうか

●仕事について
- ・内容（入社10年, 20年のOB/OG）
- ・希望職種につけるのか
- ・残業，休日出勤，出張など
- ・新入社員の仕事
- ・やりがいはどうか
- ・同業他社と比較してどうか　etc.

●社風について
- ・社内のムード
- ・仕事のさせ方　etc.
- ・上司や同僚との関係

●待遇について
- ・給与について
- ・昇進のスピード
- ・福利厚生の状態
- ・離職率について　etc.

---

06 インターンシップ

　インターンシップとは，学生向けに企業が用意している「就業体験」プログラム。ここで学生はさまざまな企業の実態をより深く知ることができ，その後の就職活動において自己分析，業界研究，職種選びなどに活かすことができる。また企業側にとっても有能な学生を発掘できるというメリットがあるため，導入する企業は増えている。

　インターンシップ参加が採用につながっているケースもあるため，たくさん参加してみよう。

---

column コネを利用するのも１つの手段？

コネを活用できるのは，以下のような場合である。

・企業と大学に何らかの「連絡」がある場合

　企業の新卒採用の場合，特定校・指定校が決められていることもある。企業側が過去の実績などに基づいて決めており，大学の力が大きくものをいう。

　とくに理工系では，指導教授や研究室と企業との連絡が密接な場合が多く，教授の推薦が有利であることは言うまでもない。同じ大学出身の先輩とのコネも，この部類に区分できる。

・志望企業と「関係」ある人と関係がある場合

　一般的に言えば，志望企業の取り引き先関係からの紹介というのが一番多い。ただし，年間億単位の実績が必要で，しかも部長・役員以上につながっていなければコネがあるとは言えない。

・志望企業と何らかの「親しい関係」がある場合

　志望企業に勤務したりアルバイトをしていたことがあるという場合。インターンシップもここに分類される。職場にも馴染みがあり人間関係もできているので，就職に際してきわめて有利。

・志望会社に関係する人と「縁故」がある場合

　縁故を「血縁関係」とした場合，日本企業ではこのコネはかなり有効なところもある。ただし，血縁者が同じ会社にいるというのは不都合なことも多いので，どの企業も慎重。

1. 受付の様子

受付事務がテキパキとしていて，分かりやすいかどうか。社員の態度が親切で誠意が伝わってくるかどうか。

こういった受付の様子からでも，その会社の社員教育の程度や，新入社員採用に対する熱意とか期待を推し測ることができる。

2. 控え室の様子

控え室が2カ所以上あって，国立大学と私立大学の訪問者とが，別々に案内されているようなことはないか。また，面談の順番を意図的に変えているようなことはないか。これはよくある例で，すでに大半は内定しているということを意味する場合が多い。

3. 社内の雰囲気

社員の話し方，その内容を耳にはさむだけでも，社風が伝わってくる。

4. 面談の様子

何時間も待たせたあげくに，きわめて事務的に，しかも投げやりな質問しかしないような採用担当者である場合，この会社は人事が適正に行われていないということだから，一考したほうがよい。

参考 ▶ 説明会での質問項目

・質問内容が抽象的でなく，具体性のあるものかどうか。
・質問内容は，現在の社会・経済・政治などの情況を踏まえた，大学生らしい高度で専門性のあるものか。
・質問をするのはいいが，「それでは，あなたの意見はどうか」と逆に聞かれたとき，自分なりの見解が述べられるものであるか。

　提出する書類は6種類。①〜③が大学に申請する書類，④〜⑥が自分で書く書類だ。大学に申請する書類は一度に何枚も入手しておこう。

　①「卒業見込証明書」
　②「成績証明書」
　③「健康診断書」
　④「履歴書」
　⑤「エントリーシート」
　⑥「会社説明会アンケート」

■自分で書く書類は「自己PR」

　第1次面接に進めるか否かは「自分で書く書類」の出来にかかっている。「履歴書」と「エントリーシート」は会社説明会に行く前に準備しておくもの。「会社説明会アンケート」は説明会の際に書き，その場で提出する書類だ。

01 履歴書とエントリーシートの違い

　Webエントリーを受け付けている企業に資料請求をすると，資料と一緒に「エントリーシート」が送られてくるので，応募サイトのフォームやメールでエントリーシートを送付する。Webエントリーを行っていない企業には，ハガキやメールで資料請求をする必要があるが，「エントリーシート」は履歴書とは異なり，企業が設定した設問に対して回答するもの。すなわちこれが「1次試験」であり，これにパスをした人だけが会社説明会に呼ばれる。

■字はていねいに

字を書くところから，その企業に対する"本気度"は測られている。

■誤字，脱字は厳禁

使用するのは，黒のインク。

■修正液使用は不可

■数字は算用数字

■自分の広告を作るつもりで書く

自分はこういう人間であり，何がしたいかということを簡潔に書く。メリットになることだけで良い。自分に損になるようなことを書く必要はない。

■「やる気」を示す具体的なエピソードを

「私はやる気があります」「私は根気があります」という抽象的な表現だけではNG。それを示すエピソードのようなものを書かなくては意味がない。

─Point─

自己紹介欄の項目はすべて「自己PR」。自分はこういう人間であることを印象づけ，それがさらに企業への「志望動機」につながっていくような書き方をする。

column 履歴書やエントリーシートは，共通でもいい？

「履歴書」や「エントリーシート」は企業によって書き分ける。業種はもちろん，同じ業界の企業であっても求めている人材が違うからだ。各書類は提出前にコピーを取り，さらに出した企業名を忘れずに書いておくことも大切だ。

写真	スナップ写真は不可。 スーツ着用で,胸から上の物を使用する。ポイントは「清潔感」。 氏名・大学名を裏書きしておく。
日付	郵送の場合は投函する日,持参する場合は持参日の日付を記入する。
生年月日	西暦は避ける。元号を省略せずに記入する。
氏名	戸籍上の漢字を使う。印鑑押印欄があれば忘れずに押す。
住所	フリガナ欄がカタカナであればカタカナで,平仮名であれば平仮名で記載する。
学歴	最初の行の中央部に「学□□歴」と2文字程度間隔を空けて,中学校卒業から大学(卒業・卒業見込み)まで記入する。 中途退学の場合は,理由を簡潔に記載する。留年は記入する必要はない。 職歴がなければ,最終学歴の一段下の行の右隅に,「以上」と記載する。
職歴	最終学歴の一段下の行の中央部に「職□□歴」と2文字程度間隔を空け記入する。 「株式会社」や「有限会社」など,所属部門を省略しないで記入する。 「同上」や「〃」で省略しない。 最終職歴の一段下の行の右隅に,「以上」と記載する。
資格・免許	4級以下は記載しない。学習中のものも記載して良い。 「普通自動車第一種運転免許」など,省略せずに記載する。
趣味・特技	具体的に(例:読書でもジャンルや好きな作家を)記入する。
志望理由	その企業の強みや良い所を見つけ出したうえで,「自分の得意な事」がどう活かせるかなどを考えぬいたものを記入する。
自己PR	応募企業の事業内容や職種にリンクするような,自分の経験やスキルなどを記入する。
本人希望欄	面接の連絡方法,希望職種・勤務地などを記入する。「特になし」や空白はNG。
家族構成	最初に世帯主を書き,次に配偶者,それから家族を祖父母,兄弟姉妹の順に。続柄は,本人から見た間柄。兄嫁は,義姉と書く。
健康状態	「良好」が一般的。

理論編 STEP4　エントリーシートの記入

01　エントリーシートの目的

・応募者を，決められた採用予定者数に絞り込むこと
・面接時の資料にする

の2つ。

■知りたいのは職務遂行能力

採用担当者が学生を見る場合は，「こいつは与えられた仕事をこなせるかどうか」という目で見ている。企業に必要とされているのは仕事をする能力なのだ。

Point

質問に忠実に，"自分がいかにその会社の求める人材に当てはまるか"を
丁寧に答えること。

02　効果的なエントリーシートの書き方

■情報を伝える書き方

課題をよく理解していることを相手に伝えるような気持ちで書く。

■文章力

大切なのは全体のバランスが取れているか。書く前に，何をどれくらいの字数で収めるか計算しておく。

「起承転結」でいえば，「起」は，文章を起こす導入部分。「承」は，起を受けて，その提起した問題に対して承認を求める部分。「転」は，自説を展開する部分。もっともオリジナリティが要求される。「結」は，最後の締めの結論部分。文章の構成・まとめる力で，総合的な能力が高いことをアピールする。

参考 ▶ エントリーシートでよく取り上げられる題材と，その出題意図

エントリーシートで求められるものは，「自己PR」「志望動機」「将来どうなりたいか（目指すこと）」の3つに大別される。

1.「自己PR」

自己分析にしたがって作成していく。重要なのは，「なぜそうしようと思ったか？」「○○をした結果，何が変わったのか？何を得たのか？」という"連続性"が分かるかどうかがポイント。

2.「志望動機」

自己PRと一貫性を保ち，業界志望理由と企業志望理由を差別化して表現するように心がける。志望する業界の強みと弱み，志望企業の強みと弱みの把握は基本。

3.「将来の展望」

どんな社員を目指すのか，仕事へはどう臨もうと思っているか，目標は何か，などが問われる。仕事内容を事前に把握しておくだけでなく，5年後の自分，10年後の自分など，具体的な将来像を描いておくことが大切。

表現力，理解力のチェックポイント

❑文法，語法が正しいかどうか
❑論旨が論理的で一貫しているかどうか
❑1センテンスが簡潔かどうか
❑表現が統一されているかどうか（「です，ます」調か「だ，である」調か）

01 個人面接

●自由面接法

　面接官と受験者のキャラクターやその場の雰囲気，質問と応答の進行具合などによって雑談形式で自由に進められる。

●標準面接法

　自由面接法とは逆に，質問内容や評価の基準などがあらかじめ決まっている。実際には自由面接法と併用で，おおまかな質問事項や判定基準，評価ポイントを決めておき，質疑応答の内容上の制限を緩和しておくスタイルが一般的。1次面接などでは標準面接法をとり，2次以降で自由面接法をとる企業も多い。

●非指示面接法

　受験者に自由に発言してもらい，面接官は話題を引き出したりするときなど，最小限の質問をするという方法。

●圧迫面接法

　わざと受験者の精神状態を緊張させ，受験者がどのような応答をするかを観察し，判定する。受験者は，冷静に対応することが肝心。

02 集団面接

　面接の方法は個人面接と大差ないが，面接官がひとつの質問をして，受験者が順にそれに答えるという方法と，面接官が司会役になって，座談会のような形式で進める方法とがある。

　座談会のようなスタイルでの面接は，なるべく受験者全員が関心をもっているような話題を取りあげ，意見を述べさせるという方法。この際，司会役以外の面接官は一言も発言せず，判定・評価に専念する。

03 グループディスカッション

　グループディスカッション（以下，GD）の時間は30〜60分程度，1グループの人数は5〜10人程度で，司会は面接官が行う場合や，時間を決めて学生が交替で行うことが多い。面接官は内容については特に指示することはなく，受験者がどのようにGDを進めるかを観察する。

　評価のポイントは，全体的には理解力，表現力，指導性，積極性，協調性など，個別的には性格，知識，適性などが観察される。

　GDの特色は，集団の中での個人ということで，受験者の能力がどの程度のものであるか，また，どのようなことに向いているかを判定できること。受験者は，グループの中における自分の位置を面接官に印象づけることが大切だ。

グループディスカッション方式の面接におけるチェックポイント

- ❏全体の中で適切な論点を提供できているかどうか。
- ❏問題解決に役立つ知識を持っているか，また提供できているかどうか。
- ❏もつれた議論を解きほぐし，的はずれの議論を元に引き戻す努力をしているかどうか。
- ❏グループ全体としての目標をいつも考えているかどうか。
- ❏感情的な対立や攻撃をしかけているようなことはないか。
- ❏他人の意見に耳を傾け，よい意見には賛意を表し，それを全体に推し広げようという寛大さがあるかどうか。
- ❏議論の流れを自然にリードするような主導性を持っているかどうか。
- ❏提出した意見が議論の進行に大きな影響を与えているかどうか。

04 面接時の注意点

●控え室

　控え室には，指定された時間の15分前には入室しよう。そこで担当の係から，面接に際しての注意点や手順の説明が行われるので，疑問点は積極的に聞くようにし，心おきなく面接にのぞめるようにしておこう。会社によっては，所定のカードに必要事項を書き込ませたり，お互いに自己紹介をさせたりする場合もある。また，この控え室での行動も細かくチェックして，合否の資料にしている会社もある。

●入室・面接開始

係員がドアの開閉をしてくれる場合もあるが，それ以外は軽くノックして入室し，必ずドアを閉める。そして入口近くで軽く一礼し，面接官か補助員の「どうぞ」という指示で正面の席に進み，ここで再び一礼をする。そして，学校名と氏名を名のって静かに着席する。着席時は，軽く椅子にかけるようにする。

●面接終了と退室

面接の終了が告げられたら，椅子から立ち上がって一礼し，椅子をもとに戻して，面接官または係員の指示を受けて退室する。

その際も，ドアの前で面接官のほうを向いて頭を下げ，静かにドアを開閉する。控え室に戻ったら，係員の指示を受けて退社する。

05 面接試験の評定基準

●協調性

企業という「集団」では，他人との協調性が特に重視される。

感情や態度が円満で調和がとれていること，極端に好悪の情が激しくなく，物事の見方や考え方が穏健で中立であることなど，職場での人間関係を円滑に進めていくことのできる人物かどうかが評価される。

●話し方

外観印象的には，言語の明瞭さや応答の態度そのものがチェックされる。小さな声で自信のない発言，乱暴野卑な発言は減点になる。

考えをまとめたら，言葉を選んで話すくらいの余裕をもって，真剣に応答しようとする姿勢が重視される。軽率な応答をしたり，まして発言に矛盾を指摘されるような事態は極力避け，もしそのような状況になりそうなときは，自分の非を認めてはっきりと謝るような態度を示すべき。

●好感度

実社会においては，外観による第一印象が，人間関係や取引に大きく影響を及ぼす。

「フレッシュな爽やかさ」に加え，入社志望など，自分の意思や希望をより明確にすることで，強い信念に裏づけられた姿勢をアピールできるよう努力したい。

●判断力

何を質問されているのか，何を答えようとしているのか，常に冷静に判断していく必要がある。

●表現力

話に筋道が通り理路整然としているか，言いたいことが簡潔に言えるか，話し方に抑揚があり聞く者に感銘を与えるか，用語が適切でボキャブラリーが豊富かどうか。

●積極性

活動意欲があり，研究心旺盛であること，進んで物事に取り組み，創造的に解決しようとする意欲が感じられること，話し方にファイトや情熱が感じられること，など。

●計画性

見通しをもって順序よく合理的に仕事をする性格かどうか，またその能力の有無。企業の将来性のなかに，自分の将来をどうかみ合わせていこうとしているか，現在の自分を出発点として，何を考え，どんな仕事をしたいのか。

●安定性

情緒の安定は，社会生活に欠くことのできない要素。自分自身をよく知っているか，他の人に流されない信念をもっているか。

●誠実性

自分に対して忠実であろうとしているか，物事に対してどれだけ誠実な考え方をしているか。

●社会性

企業は集団活動なので，自分の考えに固執したり，不平不満が多い性格は向かない。柔軟で適応性があるかどうか。

清潔感や明朗さ，若々しさといった外観面も重視される。

06 面接試験の質問内容

1. 志望動機

受験先の概要や事業内容はしっかりと頭の中に入れておく。また，その企業の企業活動の社会的意義と，自分自身の志望動機との関連を明確にしておく。「安定している」「知名度がある」「将来性がある」といった利己的な動機，「自

分の性格に合っている」というような，あいまいな動機では説得力がない。安定性や将来性は，具体的にどのような企業努力によって支えられているのかという考察も必要だし，それに対する受験者自身の評価や共感なども問われる。

　①どうしてその業種なのか

　②どうしてその企業なのか

　③どうしてその職種なのか

　以上の①～③と，自分の性格や資質，専門などとの関連性を説明できるようにしておく。

　自分がどうしてその会社を選んだのか，どこに大きな魅力を感じたのかを，できるだけ具体的に，情熱をもって語ることが重要。自分の長所と仕事の適性を結びつけてアピールし，仕事のやりがいや仕事に対する興味を述べるのもよい。

■複数の企業を受験していることは言ってもいい？

　同じ職種，同じ業種で何社かかけもちしている場合，正直に答えてもかまわない。しかし，「第一志望はどこですか」というような質問に対して，正直に答えるべきかどうかというと，やはりこれは疑問がある。どんな会社でも，他社を第一志望にあげられれば，やはり愉快には思わない。

　また，職種や業種の異なる会社をいくつか受験する場合も同様で，極端に性格の違う会社をあげれば，その矛盾を突かれるのは必至だ。

2. 仕事に対する意識・職業観

　採用試験の段階では，次年度の配属予定が具体的に固まっていない会社もかなりある。具体的に職種や部署などを細分化して募集している場合は別だが，そうでない場合は，希望職種をあまり狭く限定しないほうが賢明。どの業界においても，採用後，新入社員には，研修としてその会社の各セクションをひと通り経験させる企業は珍しくない。そのうえで，具体的な配属計画を検討するのだ。

　大切なことは，就職や職業というものを，自分自身の生き方の中にどう位置づけるか，また，自分の生活の中で仕事とはどういう役割を果たすのかを考えてみること。つまり自分の能力を活かしたい，社会に貢献したい，自分の存在価値を社会的に実現してみたい，ある分野で何か自分の力を試してみたい……，などの場合を考え，それを自分自身の人生観，志望職種や業種などとの関係を考えて組み立ててみる。自分の人生観をもとに，それを自分の言葉で表現できるようにすることが大切。

3. 自己紹介・自己PR

性格そのものを簡単に変えたり，欠点を克服したりすることは実際には難しいが，"仕方がない"という姿勢を見せることは禁物で，どんなささいなことでも，努力している面をアピールする。また一般的にいって，専門職を除けば，就職時になんらかの資格や技能を要求する企業は少ない。

　ただ，資格をもっていれば採用に有利とは限らないが，専門性を要する業種では考慮の対象とされるものもある。たとえば英検，簿記など。

　企業が学生に要求しているのは，4年間の勉学を重ねた学生が，どのように仕事に有用であるかということで，学生の知識や学問そのものを聞くのが目的ではない。あくまで，社会人予備軍としての謙虚さと素直さを失わないようにする。

　知識や学力よりも，その人の人間性，ビジネスマンとしての可能性を重視するからこそ，面接担当者は，学生生活全般について尋ねることで，書類だけでは分からない人間性を探ろうとする。

　何かうち込んだものや思い出に残る経験などは，その人の人間的な成長になんらかの作用を及ぼしているものだ。どんな経験であっても，そこから受けた印象や教訓などは，明確に答えられるようにしておきたい。

4. 一般常識・時事問題

　一般常識・時事問題については筆記試験の分野に属するが，面接でこうしたテーマがもち出されることも珍しくない。受験者がどれだけ社会問題に関心をもっているか，一般常識をもっているか，また物事の見方・考え方に偏りがないかなどを判定する。知識や教養だけではなく，一問一答の応答を通じて，その人の性格や適応能力まで判断されることになる。

07 面接に向けての事前準備

■面接試験1カ月前までには万全の準備をととのえる

●志望会社・職種の研究

　新聞の経済欄や経済雑誌などのほか，会社年鑑，株式情報など書物による研究をしたり，インターネットにあがっている企業情報や，検索によりさまざまな角度から調べる。すでにその会社へ就職している先輩や知人に会って知識を得たり，大学のキャリアセンターへ情報を求めるなどして総合的に判断する。

■専攻科目の知識・卒論のテーマなどの整理

大学時代にどれだけ勉強してきたか，専攻科目や卒論のテーマなどを整理しておく。

■**時事問題に対する準備**

毎日欠かさず新聞を読む。志望する企業の話題は，就職ノートに整理するなどもアリ。

面接当日の必需品

- ❏必要書類（履歴書，卒業見込証明書，成績証明書，健康診断書，推薦状）
- ❏学生証
- ❏就職ノート（志望企業ファイル）
- ❏印鑑，朱肉
- ❏筆記用具（万年筆，ボールペン，サインペン，シャープペンなど）
- ❏手帳，ノート
- ❏地図（訪問先までの交通機関などをチェックしておく）
- ❏現金（小銭も用意しておく）
- ❏腕時計（オーソドックスなデザインのもの）
- ❏ハンカチ，ティッシュペーパー
- ❏くし，鏡（女性は化粧品セット）
- ❏シューズクリーナー
- ❏ストッキング
- ❏折りたたみ傘（天気予報をチェックしておく）
- ❏携帯電話，充電器

筆記試験の種類

■一般常識試験

社会人として企業活動を行ううえで最低限必要となる一般常識のほか，
英語，国語，社会(時事問題)，数学などの知識の程度を確認するもの。

　難易度はおおむね中学・高校の教科書レベル。一般常識の問題集を1冊やっ
ておけばよいが，業界によっては専門分野が出題されることもあるため，必ず
志望する企業のこれまでの試験内容は調べておく。

■一般常識試験の対策

・**英語**　慣れておくためにも，教科書を復習する，英字新聞を読むなど。

・**国語**　漢字，四字熟語，反対語，同音異義語，ことわざをチェック。

・**時事問題**　新聞や雑誌，テレビ，ネットニュースなどアンテナを張っておく。

■適性検査

　SPI (Synthetic Personality Inventory) 試験 (SPI3試験) とも呼ばれ，能力
テストと性格テストを合わせたもの。

　能力テストでは国語能力を測る「言語問題」と，数学能力を測る「非言語問題」
がある。言語的能力，知覚能力，数的能力のほか，思考・推理能力，記憶力，
注意力などの問題で構成されている。

　性格テストは「はい」か「いいえ」で答えていく。仕事上の適性と性格の傾向
などが一致しているかどうかをみる。

SPIは職務への適応性を客観的にみるためのもの。

理論編 STEP 7 論作文の書き方

01 「論文」と「作文」

　一般に「論文」はあるテーマについて自分の意見を述べ，その論証をする文章で，必ず意見の主張とその論証という2つの部分で構成される。問題提起と論旨の展開，そして結論を書く。

　「作文」は，一般的には感想文に近いテーマ，たとえば「私の興味」「将来の夢」といったものがある。

　就職試験では「論文」と「作文」を合わせた"論作文"とでもいうようなものが出題されることが多い。

　論作文試験とは，「文章による面接」。テーマに書き手がどういう態度を持っているかを知ることが，出題の主な目的だ。受験者の知識・教養・人生観・社会観・職業観，そして将来への希望などが，どのような思考を経て，どう表現されているかによって，企業にとって，必要な人物かどうかを判断している。

　論作文の場合には，書き手の社会的意識や考え方に加え，「感銘を与える」働きが要求される。就職活動とは，企業に対し「自分をアピールすること」だということを常に念頭に置いておきたい。

Point

論文と作文の違い

	論　　文	作　　文
テーマ	学術的・社会的・国際的なテーマ。時事，経済問題など	個人的・主観的なテーマ。人生観，職業観など
表現	自分の意見や主張を明確に述べる。	自分の感想を述べる。
展開	四段型（起承転結）の展開が多い。	三段型（はじめに・本文・結び）の展開が多い。
文体	「だ調・である調」のスタイルが多い。	「です調・ます調」のスタイルが多い。

・テーマ

与えられた課題（テーマ）を，受験者はどのように理解しているか。

出題されたテーマの意義をよく考え，それに対する自分の意見や感情が，十分に整理されているかどうか。

・表現力

課題について本人が感じたり，考えたりしたことを，文章で的確に表しているか。

・字・用語・その他

かなづかいや送りがなが合っているか，文中で引用されている格言やことわざの類が使用法を間違えていないか，さらに誤字・脱字に至るまで，文章の基本的な力が受験者の人柄ともからんで厳密に判定される。

・オリジナリティ

魅力がある文章とは，オリジナリティを率直に出すこと。自分の感情や意見を，自分の言葉で表現する。

・生活態度

文章は，書き手の人格や人柄を映し出す。平素の社会的関心や他人との協調性，趣味や読書傾向はどうであるかといった，受験者の日常における生き方，生活態度がみられる。

・字の上手・下手

できるだけ読みやすい字を書く努力をする。また，制限字数より文章が長くなって原稿用紙の上下や左右の空欄に書き足したりすることは避ける。消しゴムで消す場合にも，丁寧に。

いずれの場合でも，表面的な文章力を問うているのではなく，受験者の人柄のほうを重視している。

実践編 マナーチェックリスト

就活において企業の人事担当は，面接試験やOG／OB訪問，そして面接試験において，あなたのマナーや言葉遣いといった，「常識力」をチェックしている。現在の自分はどのくらい「常識力」が身についているかをチェックリストで振りかえり，何ができて，何ができていないかを明確にしたうえで，今後の取り組みに生かしていこう。

評価基準 5：大変良い 4：やや良い 3：どちらともいえない 2：やや悪い 1：悪い

	項　目	評　価	メ　モ
挨拶	明るい笑顔と声で挨拶をしているか		
	相手を見て挨拶をしているか		
	相手より先に挨拶をしているか		
	お辞儀を伴った挨拶をしているか		
	直接の応対者でなくても挨拶をしているか		
表情	笑顔で応対しているか		
	表情に私的感情がでていないか		
	話しかけやすい表情をしているか		
	相手の話は真剣な顔で聞いているか		
身だしなみ	前髪は目にかかっていないか		
	髪型は乱れていないか／長い髪はまとめているか		
	髭の剃り残しはないか／化粧は健康的か		
	服は汚れていないか／清潔に手入れされているか		
	機能的で職業・立場に相応しい服装をしているか		
	華美なアクセサリーはつけていないか		
	爪は伸びていないか		
	靴下の色は適当か／ストッキングの色は自然な肌色か		
	靴の手入れは行き届いているか		
	ポケットに物を詰めすぎていないか		

	項　目	評　価	メ　モ
言葉遣い	専門用語を使わず，相手にわかる言葉で話しているか		
	状況や相手に相応しい敬語を正しく使っているか		
	相手の聞き取りやすい音量・速度で話しているか		
	語尾まで丁寧に話しているか		
	気になる言葉癖はないか		
動作	物の授受は両手で丁寧に実施しているか		
	案内・指し示し動作は適切か		
	キビキビとした動作を心がけているか		
心構え	勤務時間・指定時間の5分前には準備が完了しているか		
	心身ともに健康管理をしているか		
	仕事とプライベートの切替えができているか		

☑ 常に自己点検をするクセをつけよう

「人を表情やしぐさ，身だしなみなどの見かけで判断してはいけない」と一般にいわれている。確かに，人の個性は見かけだけではなく，内面においても見いだされるもの。しかし，私たちは人を第一印象である程度決めてしまう傾向がある。それが面接試験など初対面の場合であればなおさらだ。したがって，チェックリストにあるような挨拶，表情，身だしなみ等に注意して面接試験に臨むことはとても重要だ。ただ，これらは面接試験前にちょっと対策したからといって身につくようなものではない。付け焼き刃的な対策をして面接試験に臨んでも，面接官はあっという間に見抜いてしまう。日頃からチェックリストにあるような項目を意識しながら行動することが大事であり，そうすることで，最初はぎこちない挨拶や表情等も，その人の個性に応じたすばらしい所作へ変わっていくことができるのだ。さっそく，本日から実行してみよう。

面接試験において，印象を決定づける表情はとても大事。

どのようにすれば感じのいい表情ができるのか，ポイントを確認していこう。

明るく,温和で
柔らかな表情をつくろう

人間関係の潤滑油

表情に関しては，まずは豊かである
ということがベースになってくる。う
れしい表情，困った表情，驚いた表
情など，さまざまな気持ちを表現で
きるということが，人間関係を潤いの
あるものにしていく。

Point

　表情はコミュニケーションの大前提。相手に「いつでも話しかけてくださ
いね」という無言の言葉を発しているのが，就活に求められる表情だ。面接
官が安心してコミュニケーションをとろうと思ってくれる表情。それが，明
るく，温和で柔らかな表情となる。

いますぐデキる

カンタンTraining

Training **01**

喜怒哀楽を表してみよう

・人との出会いを楽しいと思うことが表情の基本
・表情を豊かにする大前提は相手の気持ちに寄り添うこと
・目元・口元だけでなく，眉の動きを意識することが大事

Training **02**

表情筋のストレッチをしよう

・表情筋は「ウイスキー」の発音によって鍛える
・意識して毎日，取り組んでみよう
・笑顔の共有によって相手との距離が縮まっていく

コミュニケーションは挨拶から始まり，その挨拶ひとつで印象は変わるもの。
ポイントを確認していこう。

丁寧にしっかりと
はっきり挨拶をしよう

人間関係の第一歩

挨拶は心を開いて，相手に近づくコ
ミュニケーションの第一歩。たかが
挨拶，されど挨拶の重要性をわきま
えて，きちんとした挨拶をしよう。形，
つまり"技"も大事だが，心をこめ
ることが最も重要だ。

Point

　挨拶はコミュニケーションの第一歩。相手が挨拶するのを待っているの
は望ましくない。挨拶の際のポイントは丁寧であることと，はっきり声に出
すことの2つ。丁寧な挨拶は，相手を大事にして迎えている気持ちの表れ
となる。はっきり声に出すことで，これもきちんと相手を迎えていることが
伝わる。また，相手もその応答として挨拶してくれることで，会ってすぐに
双方向のコミュニケーションが成立する。

いますぐデキる

カンタンTraining

Training 01

3つのお辞儀をマスターしよう

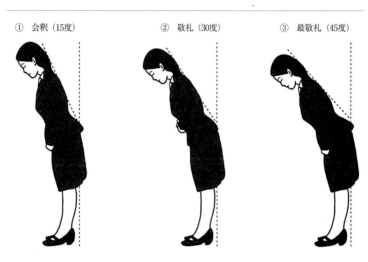

① 会釈（15度）　② 敬礼（30度）　③ 最敬礼（45度）

・息を吸うことを意識してお辞儀をするとキレイな姿勢に
・目線は真下ではなく，床前方1.5m先ぐらいを見よう
・相手への敬意を忘れずに

Training 02

対面時は言葉が先，お辞儀が後

・相手に体を向けて先に自ら挨拶をする
・挨拶時，相手とアイコンタクトを
　しっかり取ろう
・挨拶の後に，お辞儀をする。
　これを「語先後礼」という

実践編 STEP3 聞く姿勢

コミュニケーションは「話す」よりも「聞く」ことといわれる。相手が話しやすい聞き方の，ポイントを確認しよう。

受容の立場で傾聴しよう

相手の話を受けとめる

話を聞くときは，やや前に傾く姿勢をとる。表情と姿勢が合わさることにより，話し手の心が開き「あれも，これも話そう」という気持ちになっていく。また，「はい」と一度のお辞儀で頷くと相手の話を受け止めているというメッセージにつながる。

Point

話をすること，話を聞いてもらうことは誰にとってもプレッシャーを伴うもの。そのため，「何でも話して良いんですよ」「何でも話を聞きますよ」「心配しなくて良いんですよ」という気持ちで聞くことが大切になる。その気持ちが聞く姿勢に表れれば，相手は安心して話してくれる。

いますぐデキる

カンタンTraining

Training **01**

頷きは一度で

・相手が話した後に「はい」と
　一言発する
・頷きすぎは逆効果

Training **02**

目線は自然に

・鼻の付け根あたりを見ると
　自然な印象に
・目を見つめすぎるのはNG

Training **03**

話の句読点で視線を移す

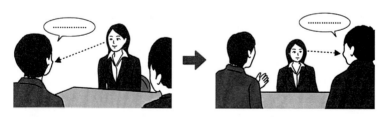

・視線は話している人を見ることが基本
・複数の人の話を聞くときは句読点を意識し，
　視線を振り分けることで聞く姿勢を表す

自分の意思を相手に明確に伝えるためには，話し方が重要となる。はっきりと
的確に話すためのポイントを確認しよう。

明るい発声を
心がけよう

ボリュームを意識して

話すときのポイントとしては，ボリュームを意識する
ことが挙げられる。会議室の一番奥にいる人に声が
届くように意識することで，声のボリュームはコント
ロールされていく。

Point

　コミュニケーションとは「伝達」すること。どのようなことも，適当に伝
えるのではなく，伝えるべきことがきちんと相手に届くことが大切になる。
そのためには，はっきりと，分かりやすく，丁寧に，心を込めて話すこと。
言葉だけでなく，表情やジェスチャーを加えることも有効。

いますぐデキる
カンタンTraining

Training **01**
腹式呼吸で発声練習

- 「あえいうえおあお」と発声する
- 腹式呼吸は，胸部をなるべく動かさずに，息を吸うときにお腹や腰が膨らむよう意識する呼吸法

Training **02**
早口言葉にチャレンジ

> おあやや
> 母親に
> お謝り

- 「おあやや，母親に，お謝り」と早口で
- 口がすぼまった「お」と口が開いた「あ」の発音に，変化をつけられるかがポイント

Training **03**
ジェスチャーを有効活用

- 腰より上でジェスチャーをする
- 体から離した位置に手をもっていく
- ジェスチャーをしたら戻すところをさだめておく

身だしなみはその人自身を表すもの。身だしなみの基本について，ポイントを
確認しよう。

清潔感,さわやかさを
醸し出せるようにしよう

プロの企業人に
ふさわしい身だしなみを

信頼感，安心感をもたれる身だしな
みを考えよう。TPOに合わせた服装は，
すなわち "礼" を表している。そして，
身だしなみには,「清潔感」,「品のよさ」,
「控え目である」という，3つのポイ
ントがある。

Point

相手との心理的な距離や物理的な距離が遠ければ，コミュニケーションは
成立しにくくなる。見た目が不潔では誰も近付いてこない。身だしなみが
清潔であること，爽やかであることは相手との距離を縮めることにも繋がる。

いますぐデキる
カンタンTraining

Training 01

髪型，服装を整えよう

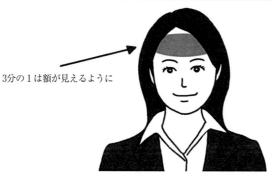

3分の1は額が見えるように

・男性も女性も眉が見える髪型が望ましい。3分の1は額が見えるように。額は知性と清潔感を伝える場所。男性の髪の長さは耳や襟にかからないように
・スーツで相手の前に立つときは，ボタンはすべて留める。男性の場合は下のボタンは外す

Training 02

おしゃれとの違いを明確に

・爪はできるだけ切りそろえる
・爪の中の汚れにも注意
・ジェルネイル，ネイルアートはNG

Training 03

足元にも気を配って

・女性の場合はパンプス，男性の場合は黒の紐靴が望ましい
・靴はこまめに汚れを落とし見栄えよく

姿勢にはその人の意欲が反映される。前向き，活動的な姿勢を表すにはどうしたらよいか，ポイントを確認しよう。

前向き,活動的な
姿勢を維持しよう

一直線と左右対称

正しい立ち姿として，耳，肩，腰，くるぶしを結んだ線が一直線に並んでいることが最大のポイントになる。そのラインが直線に近づくほど立ち姿がキレイに整っていることになる。また，"左右対称"というのもキレイな姿勢の要素のひとつになる。

Point

　姿勢は，身体と心の状態を反映するもの。そのため，良い姿勢でいることは，印象が清々しいだけでなく，健康で元気そうに見え，話しかけやすさにも繋がる。歩く姿勢，立つ姿勢，座る姿勢など，どの場面にも心身の健康状態が表れるもの。日頃から心身の健康状態に気を配り，フィジカルとメンタル両面の自己管理を心がけよう。

いますぐデキる
カンタン**Training**

Training **01**

キレイな歩き方を心がけよう

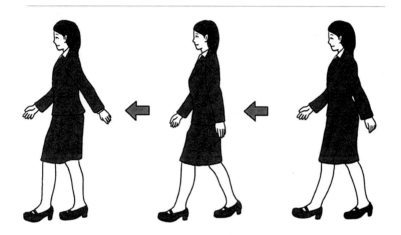

・女性は 1 本の線上を，男性はそれよりも太い線上を沿うように歩く
・一歩踏み出したときに前の足に体重を乗せるように，腰から動く
・12 時の方向につま先をもっていく

Training **02**

前向きな気持ちを持とう

・常に前向きな気持ちが姿勢を正す
・ポジティブ思考を心がけよう

言葉遣いの正しさはとは，場面にあった言葉を遣うということ。相手を気づかいながら，言葉を選ぶことで，より正しい言葉に近づいていく。

相手と場面に合わせた
ふさわしい言葉遣いを

> 次の文は接客の場面でよくある間違えやすい敬語です。
> それぞれの言い方は○×どちらでしょうか。
>
> 問1 「資料をご拝読いただきありがとうございます」
>
> 問2 「こちらのパンフレットはもういただかれましたか？」
>
> 問3 「恐れ入りますが，こちらの用紙にご記入してください」
>
> 問4 「申し訳ございませんが，来週，休ませていただきます」
>
> 問5 「先ほどの件，帰りましたら上司にご報告いたしますので」

Point

ビジネスのシーンに敬語は欠くことができない。何度もやり取りをしていく中で，親しさの度合いによっては，あえてくだけた表現を用いることもあるが，「親しき仲にも礼儀あり」と言われるように，敬意や心づかいをおろそかにしてはいけないもの。相手に誤解されたり，相手の気分を壊すことのないように，相手や場面にふさわしい言葉遣いが大切になる。

解答と解説

問1 （×）　○正しい言い換え例

→「ご覧いただきありがとうございます」など

　「拝読」は自分が「読む」意味の謙譲語なので，相手の行為に使うのは誤り。読むと見るは同義なため，多く，見るの尊敬語「ご覧になる」が用いられる。

問2 （×）　○正しい言い換え例

→「お持ちですか」「お渡ししましたでしょうか」　など

　「いただく」は，食べる・飲む・もらうの謙譲語。「もらったかどうか」と聞きたいのだから，「おもらいになりましたか」と言えないこともないが，持っているかどうか，受け取ったかどうかという意味で「お持ちですか」などが使われることが多い。また，自分側が渡すような場合は，「お渡しする」を使って「お渡ししましたでしょうか」などの言い方に換えることもできる。

問3 （×）　○正しい言い換え例

→「恐れ入りますが，こちらの用紙にご記入ください」など

　「ご記入する」の「お（ご）〜する」は謙譲語の形。相手の行為を謙譲語で表すことになるため誤り。「して」を取り除いて「ご記入ください」か，和語に言い換えて「お書きください」とする。ほかにも「お書き／ご記入・いただけますでしょうか・願います」などの表現もある。

問4 （△）

　有給休暇を取る場合や，弔事等で休むような場面で，用いられることも多い。「休ませていただく」ということで一見丁寧に響くが，「来週休むと自分で休みを決めている」という勝手な表現にも受け取られかねない言葉だ。ここは同じ「させていただく」を用いても，相手の都合をうかがう言い方に換えて「○○がございまして，申し訳ございませんが，休みをいただいてもよろしいでしょうか」などの言い換えが好ましい。

問5 （×）○正しい言い換え例

→「上司に報告いたします」

　「ご報告いたします」は，ソトの人との会話で使うとするならば誤り。「ご報告いたします」の「お・ご〜いたす」は，「お・ご〜する」と「〜いたす」という2つの敬語を含む言葉。そのうちの「お・ご〜する」は，主語である自分を低めて相手＝上司を高める働きをもつ表現（謙譲語Ⅰ）。一方「〜いたす」は，主語の私を低めて，話の聞き手に対して丁重に述べる働きをもつ表現（謙譲語Ⅱ　丁重語）。「お・ご〜する」も「〜いたす」も同じ謙譲語であるため紛らわしいが，主語を低める（謙譲）という働きは同じでも，行為の相手を高める働きがあるかないかという点に違いがあるといえる。

敬語は正しく使用することで，相手の印象を大きく変えることができる。尊敬語，謙譲語の区別をはっきりつけて，誤った用法で話すことのないように気をつけよう。

言葉の使い方が
マナーを表す!

■よく使われる尊敬語の形 「言う・話す・説明する」の例

専用の尊敬語型	おっしゃる
〜れる・〜られる型	言われる・話される・説明される
お（ご）〜になる型	お話しになる・ご説明になる
お（ご）〜なさる型	お話しなさる・ご説明なさる

■よく使われる謙譲語の形 「言う・話す・説明する」の例

専用の謙譲語型	申す・申し上げる
お（ご）〜する型	お話しする・ご説明する
お（ご）〜いたす型	お話しいたします・ご説明いたします

Point

　同じ尊敬語・謙譲語でも，よく使われる代表的な形がある。ここではその一例をあげてみた。敬語の使い方に迷ったときなどは，まずはこの形を思い出すことで，大抵の語はこの型にはめ込むことができる。同じ言葉を用いたほうがよりわかりやすいといえるので，同義に使われる「言う・話す・説明する」を例に考えてみよう。

　ほかにも「お話しくださる」や「お話しいただく」「お元気でいらっしゃる」などの形もあるが，まずは表の中の形を見直そう。

■よく使う動詞の尊敬語・謙譲語

なお，尊敬語の中の「言われる」などの「れる・られる」を付けた形は省力している。

基本	尊敬語（相手側）	謙譲語（自分側）
会う	お会いになる	お目にかかる・お会いする
言う	おっしゃる	申し上げる・申す
行く・来る	いらっしゃる おいでになる お見えになる お越しになる お出かけになる	伺う・参る お伺いする・参上する
いる	いらっしゃる・おいでになる	おる
思う	お思いになる	存じる
借りる	お借りになる	拝借する・お借りする
聞く	お聞きになる	拝聴する 拝聞する お伺いする・伺う お聞きする
知る	ご存じ（知っているという意で）	存じ上げる・存じる
する	なさる	いたす
食べる・飲む	召し上がる・お召し上がりになる お飲みになる	いただく・頂戴する
見る	ご覧になる	拝見する
読む	お読みになる	拝読する

「お伺いする」「お召し上がりになる」などは，「伺う」「召し上がる」自体が敬語なので「二重敬語」ですが，慣習として定着しており間違いではないもの。

─ Point ─

　上記の「敬語表」は，よく使うと思われる動詞をそれぞれ尊敬語・謙譲語で表したもの。このように大体の言葉は型にあてはめることができる。言葉の中には「お（ご）」が付かないものもあるが，その場合でも「～なさる」を使って，「スピーチなさる」や「運営なさる」などと言うことができる。また，表では，「言う」の尊敬語「言われる」の例は省いているが，れる・られる型の「言われる」よりも「おっしゃる」「お話しになる」「お話しなさる」などの言い方のほうが，より敬意も高く，言葉としても何となく響きが落ち着くといった印象を受けるものとなる。

会話は相手があってのこと。いかなる場合でも，相手に対する心くばりを忘れないことが，会話をスムーズに進めるためのコツになる。

心くばりを添えるひと言で言葉の印象が変わる!

　相手に何かを頼んだり，また相手の依頼を断ったり，相手の抗議に対して反論したりする場面では，いきなり自分の意見や用件を切り出すのではなく，場面に合わせて心くばりを伝えるひと言を添えてから本題に移ると，響きがやわらかくなり，こちらの意向も伝えやすくなる。俗にこれは「クッション言葉」と呼ばれている。(右表参照)

Point

　ビジネスの場面で，相手と話したり手紙やメールを送る際には，何か依頼事があってという場合が多いもの。その場合に「ちょっとお願いなんですが…」では，ふだんの会話と変わりがないものになってしまう。そこを「突然のお願いで恐れ入りますが」「急にご無理を申しまして」「こちらの勝手で恐縮に存じますが」「折り入ってお願いしたいことがございまして」などの一言を添えることで，直接的なきつい感じが和らぐだけでなく，「申し訳ないのだけれど，もしもそうしていただくことができればありがたい」という，相手への配慮や願いの気持ちがより強まる。このような前置きの言葉もうまく用いて，言葉に心くばりを添えよう。

相手の意向を尋ねる場合	「よろしければ」「お差し支えなければ」 「ご都合がよろしければ」「もしお時間がありましたら」 「もしお嫌いでなければ」「ご興味がおありでしたら」
相手に面倒を かけてしまうような場合	「お手数をおかけしますが」 「ご面倒をおかけしますが」 「お手を煩わせまして恐縮ですが」 「お忙しい時に申し訳ございませんが」 「お時間を割いていただき申し訳ありませんが」 「貴重なお時間を頂戴し恐縮ですが」
自分の都合を 述べるような場合	「こちらの勝手で恐縮ですが」 「こちらの都合（ばかり）で申し訳ないのですが」 「私どもの都合ばかりを申しまして，まことに申し訳なく存じますが」 「ご無理を申し上げまして恐縮ですが」
急な話をもちかけた場合	「突然のお願いで恐れ入りますが」 「急にご無理を申しまして」 「もっと早くにご相談申し上げるべきところでございましたが」 「差し迫ってのことでまことに申し訳ございませんが」
何度もお願いする場合	「たびたびお手数をおかけしまして恐縮に存じますが」 「重ね重ね恐縮に存じますが」 「何度もお手を煩わせまして申し訳ございませんが」 「ご面倒をおかけしてばかりで，まことに申し訳ございませんが」
難しいお願いをする場合	「ご無理を承知でお願いしたいのですが」 「たいへん申し上げにくいのですが」 「折り入ってお願いしたいことがございまして」
あまり親しくない相手に お願いする場合	「ぶしつけなお願いで恐縮ですが」 「ぶしつけながら」 「まことに厚かましいお願いでございますが」
相手の提案・誘いを断る場合	「申し訳ございませんが」 「（まことに）残念ながら」 「せっかくのご依頼ではございますが」 「たいへん恐縮ですが」 「身に余るお言葉ですが」 「まことに失礼とは存じますが」 「たいへん心苦しいのですが」 「お引き受けしたいのはやまやまですが」
問い合わせの場合	「つかぬことをうかがいますが」 「突然のお尋ねで恐縮ですが」

ここでは文章の書き方における，一般的な敬称について言及している。はがき，手紙，メール等，通信手段はさまざま。それぞれの特性をふまえて有効活用しよう。

相手の気持ちになって
見やすく美しく書こう

■敬称のいろいろ

敬称	使う場面	例
様	職名・役職のない個人	（例）飯田知子様／ご担当者様／経理部長　佐藤一夫様
殿	職名・組織名・役職のある個人（公用文など）	（例）人事部長殿／教育委員会殿／田中四郎殿
先生	職名・役職のない個人	（例）松井裕子先生
御中	企業・団体・官公庁などの組織	（例）○○株式会社御中
各位	複数あてに同一文書を出すとき	（例）お客様各位／会員各位

Point

　封筒・はがきの表書き・裏書きは縦書きが基本だが，洋封筒で親しい人にあてる場合は，横書きでも問題ない。いずれにせよ，定まった位置に，丁寧な文字でバランス良く，正確に記すことが大切。特に相手の住所や名前を乱雑な文字で書くのは，配達の際の間違いを引き起こすだけでなく，受け取る側に不快な思いをさせる。相手の気持ちになって，見やすく美しく書くよう心がけよう。

■各通信手段の長所と短所

	長所	短所	用途
封書	・封を開けなければ本人以外の目に触れることがない。 ・丁寧な印象を受ける。	・多量の資料・画像送付には不向き。 ・相手に届くまで時間がかかる。	・儀礼的な文書(礼状・わび状など) ・目上の人あての文書 ・重要な書類 ・他人に内容を読まれたくない文書
はがき・カード	・封書よりも気軽にやり取りできる。 ・年賀状や季節の便り，旅先からの連絡など絵はがきとしても楽しむことができる。	・封に入っていないため，第三者の目に触れることがある。 ・中身が見えるので，改まった礼状やわび状，こみ入った内容には不向き。 ・相手に届くまで時間がかかる。	・通知状　　　・案内状 ・送り状　　　・旅先からの便り ・各種お祝い　・お礼 ・季節の挨拶
ＦＡＸ	・手書きの図やイラストを文章といっしょに送れる。 ・すぐに届く。 ・控えが手元に残る。	・多量の資料の送付には不向き。 ・事務的な用途で使われることが多く，改まった内容の文書，初対面の人へは不向き。	・地図，イラストの入った文書 ・印刷物(本・雑誌など)
電話	・急ぎの連絡に便利。 ・相手の反応をすぐに確認できる。 ・直接声が聞けるので，安心感がある。	・連絡できる時間帯が制限される。 ・長々としたこみ入った内容は伝えづらい。	・緊急の用件 ・確実に用件を伝えたいとき
メール	・瞬時に届く。　　・控えが残る。 ・コストが安い。 ・大容量の資料や画像をデータで送ることができる。 ・一度に大勢の人に送ることができる。 ・相手の居場所や状況を気にせず送れる。	・事務的な印象を与えるので，改まった礼状やわび状には不向き。 ・パソコンや携帯電話を持っていない人には送れない。 ・ウィルスなどへの対応が必要。	・データで送りたいとき ・ビジネス上の連絡

Point

　はがきは手軽で便利だが，おわびやお願い，格式を重んじる手紙には不向きとなる。この種の手紙は内容もこみ入ったものとなり，加えて丁寧な文章で書かなければならないので，数行で済むことはまず考えられない。また，封筒に入っていないため，他人の目に触れるという難点もある。このように，はがきにも長所と短所があるため，使う場面や相手によって，他の通信手段と使い分けることが必要となる。

　はがき以外にも，封書・電話・ＦＡＸ・メールなど，現代ではさまざまな通信手段がある。上に示したように，それぞれ長所と短所があるので，特徴を知って用途によって上手に使い分けよう。

STEP11 電話応対

社会人のマナーとして，電話応対のスキルは必要不可欠。まずは失礼なく電話に出ることからはじめよう。積極性が重要だ。

相手の顔が見えない分
対応には細心の注意を

■電話をかける場合

① ○○先生に電話をする

× 「私，□□社の××と言いますが，○○様はおられますでしょうか？」

○ 「××と申しますが，○○様はいらっしゃいますか？」

「おられますか」は「おる」を謙譲語として使うため，通常は相手がいるかどうかに関しては，「いらっしゃる」を使うのが一般的。

② 相手の状況を確かめる

× 「こんにちは，××です，先日のですね…」

○ 「××です，先日は有り難うございました，今お時間よろしいでしょうか？」

相手が忙しくないかどうか，状況を聞いてから話を始めるのがマナー。また，やむを得ず夜間や早朝，休日などに電話をかける際は，「夜分（朝早く）に申し訳ございません」「お休みのところ恐れ入ります」などのお詫びの言葉もひと言添えて話す。

③ 相手が不在，何時ごろ戻るかを聞く場合

× 「戻りは何時ごろですか？」

○ 「何時ごろお戻りになりますでしょうか？」

「戻り」はそのままの言い方，相手にはきちんと尊敬語を使う。

④ また自分からかけることを伝える

× 「そうですか，ではまたかけますので」

○ 「それではまた後ほど（改めて）お電話させていただきます」

戻る時間がわかる場合は，「またお戻りになりましたころにでも」「また午後にでも」などの表現もできる。

■電話を受ける場合

① 電話を取ったら

× 「はい，もしもし，○○（社名）ですが」

○ **「はい，○○（社名）でございます」**

② 相手の名前を聞いて

× 「どうも，どうも」

○ **「いつもお世話になっております」**

　あいさつ言葉として定着している決まり文句ではあるが，日頃のお付き合いがあってこそ。あいさつ言葉もきちんと述べよう。「お世話様」という言葉も時折耳にするが，敬意が軽い言い方となる。適切な言葉を使い分けよう。

③ 相手が名乗らない

× 「どなたですか？」「どちらさまですか？」

○ **「失礼ですが，お名前をうかがってもよろしいでしょうか？」**

　名乗るのが基本だが，尋ねる態度も失礼にならないように適切な応対を心がけよう。

④ 電話番号や住所を教えてほしいと言われた場合

× 「はい，いいでしょうか？」　　× 「メモのご用意は？」

○ **「はい，申し上げます，よろしいでしょうか？」**

　「メモのご用意は？」は，一見親切なようにも聞こえるが，尋ねる相手も用意していることがほとんど。押し付けがましくならない程度に。

⑤ 上司への取次を頼まれた場合

× 「はい，今代わります」　　× 「○○部長ですね，お待ちください」

○ **「部長の○○でございますね，ただいま代わりますので，少々お待ちくださいませ」**

　○○部長という表現は，相手側の言い方となる。自分側を述べる場合は，「部長の○○」「○○」が適切。

Point

自分から電話をかける場合は，まずは自分の会社名や氏名を名乗るのがマナー。たとえ目的の相手が直接出た場合でも，電話では相手の様子が見えないことがほとんど。自分の勝手な判断で話し始めるのではなく，相手の都合を伺い，そのうえで話を始めるのが社会人として必要な気配りとなる。

デキるオトナをアピール
時候の挨拶

月	漢語調の表現 候、みぎりなどを付けて用いられます	口語調の表現
1月 （睦月）	初春・新春　頌春・ 小寒・大寒・厳寒	皆様におかれましては，よき初春をお迎えのことと存じます／厳しい寒さが続いております／珍しく暖かな寒の入りとなりました／大寒という言葉通りの厳しい寒さでございます
2月 （如月）	春寒・余寒・残寒・ 立春・梅花・向春	立春とは名ばかりの寒さ厳しい毎日でございます／梅の花もちらほらとふくらみ始め、春の訪れを感じる今日この頃です／春の訪れが待ち遠しいこのごろでございます
3月 （弥生）	早春・浅春・春寒・ 春分・春暖	寒さもようやくゆるみ、日ましに春めいてまいりました／ひと雨ごとに春めいてまいりました／日増しに暖かさが加わってまいりました
4月 （卯月）	春暖・陽春・桜花・ 桜花爛漫	桜花爛漫の季節を迎えました／春光うららかな好季節となりました／花冷えとでも申しましょうか，何だか肌寒い日が続いております
5月 （皐月）	新緑・薫風・惜春・ 晩春・立夏・若葉	風薫るさわやかな季節を迎えました／木々の緑が目にまぶしいようでございます／目に青葉，山ほととぎす，初鰹の句も思い出される季節となりました
6月 （水無月）	梅雨・向暑・初夏・ 薄暑・麦秋	初夏の風もさわやかな毎日でございます／梅雨前線が近づいてまいりました／梅雨の晴れ間にのぞく青空は、まさに夏を思わせるようです
7月 （文月）	盛夏・大暑・炎暑・ 酷暑・猛暑	梅雨が明けたとたん、うだるような暑さが続いております／長い梅雨も明け、いよいよ本格的な夏がやってまいりました／風鈴の音がわずかに涼を運んでくれているようです
8月 （葉月）	残暑・晩夏・処暑・ 秋暑	立秋とはほんとうに名ばかりの厳しい暑さの毎日です／残暑たえがたい毎日でございます／朝夕はいくらかしのぎやすくなってまいりました
9月 （長月）	初秋・新秋・爽秋・ 新涼・清涼	九月に入りましてもなお、日差しの強い毎日です／暑さもやっとおとろえはじめたようでございます／残暑も去り、ずいぶんとしのぎやすくなってまいりました
10月 （神無月）	清秋・錦秋・秋涼・ 秋冷・寒露	秋風もさわやかな過ごしやすい季節となりました／街路樹の葉も日ごとに色を増しております／紅葉の便りの聞かれるころとなりました／秋深く，日増しに冷気も加わってまいりました
11月 （霜月）	晩秋・暮秋・霜降・ 初霜・向寒	立冬を迎え、まさに冬到来を感じる寒さです／木枯らしの季節になりました／日ごとに冷気が増すようでございます／朝夕はひときわ冷え込むようになりました
12月 （師走）	寒冷・初冬・師走・ 歳晩	師走を迎え、何かと慌ただしい日々をお過ごしのことと存じます／年の瀬も押しつまり、何かとお忙しくお過ごしのことと存じます／今年も残すところわずかとなりました，お忙しい毎日とお察しいたします

いますぐデキる
シチュエーション別会話例

シチュエーション1　　取引先との会話

「非常に素晴らしいお話で感心しました」→NG！

　「感心する」は相手の立派な行為や，優れた技量などに心を動かされるという意味。意味としては間違いではないが，目上の人に用いると，偉そうに聞こえかねない表現。「感動しました」などに言い換えるほうが好ましい。

シチュエーション2　　子どもとの会話

「お母さんは，明日はいますか？」→NG！

　たとえ子どもとの会話でも，子どもの年齢によっては，ある程度の敬語を使うほうが好ましい。「明日はいらっしゃいますか」では，むずかしすぎると感じるならば，「お出かけですか」などと表現することもできる。

シチュエーション3　　同僚との会話

「今，お暇ですか」→NG？

　同じ立場同士なので，暇に「お」が付いた形で「お暇」ぐらいでも構わないともいえるが，「暇」というのは，するべきことも何もない時間という意味。そのため「お暇ですか」では，あまりにも直接的になってしまう。その意味では「手が空いている」→「空いていらっしゃる」→「お手透き」などに言い換えることで，やわらかく敬意も含んだ表現になる。

シチュエーション4　　上司との会話

「なるほどですね」→NG！

　「なるほど」とは，相手の言葉を受けて，自分も同意見であることを表すため，相手の言葉・意見を自分が評価するというニュアンスも含まれている。そのため自分が評価して述べているという偉そうな表現にもなりかねない。同じ同意ならば，頷き「おっしゃる通りです」などの言葉のほうが誤解なく伝わる。

就活スケジュールシート

■年間スケジュールシート

1月	2月	3月	4月	5月	6月
企業関連スケジュール					
自己の行動計画					

就職活動をすすめるうえで，当然重要になってくるのは，自己のスケジュール管理だ。企業の選考スケジュールを把握することも大切だが，自分のペースで進めることになる自己分析や業界・企業研究，面接試験のトレーニング等の計画を立てることも忘れてはいけない。スケジュールシートに「記入」する作業を通して，短期・長期の両方の面から就職試験を考えるきっかけにしよう。

7月	8月	9月	10月	11月	12月
企業関連スケジュール					
自己の行動計画					

●情報提供のお願い●

就職活動研究会では，就職活動に関する情報を募集していま
す。

エントリーシートやグループディスカッション，面接，筆記
試験の内容等について情報をお寄せください。ご応募はメール
アドレス（edit@kyodo-s.jp）へお願いいたします。お送りくださ
いました方々には薄謝をさしあげます。

ご協力よろしくお願いいたします。

会社別就活ハンドブックシリーズ

味の素の
就活ハンドブック

編　者　就職活動研究会

発　行　令和6年2月25日

発行者　小貫輝雄

発行所　協同出版株式会社

〒101−0054
東京都千代田区神田錦町2−5
　電話　03−3295−1341
　振替　東京00190−4−94061

印刷所　協同出版・POD工場

落丁・乱丁はお取り替えいたします

●2025年度版●
会社別就活ハンドブックシリーズ
【全111点】

運　輸

東日本旅客鉄道の就活ハンドブック	小田急電鉄の就活ハンドブック
東海旅客鉄道の就活ハンドブック	阪急阪神 HD の就活ハンドブック
西日本旅客鉄道の就活ハンドブック	商船三井の就活ハンドブック
東京地下鉄の就活ハンドブック	日本郵船の就活ハンドブック

機　械

三菱重工業の就活ハンドブック	浜松ホトニクスの就活ハンドブック
川崎重工業の就活ハンドブック	村田製作所の就活ハンドブック
IHI の就活ハンドブック	クボタの就活ハンドブック
島津製作所の就活ハンドブック	

金　融

三菱 UFJ 銀行の就活ハンドブック	野村證券の就活ハンドブック
三菱 UFJ 信託銀行の就活ハンドブック	りそなグループの就活ハンドブック
みずほ FG の就活ハンドブック	ふくおか FG の就活ハンドブック
三井住友銀行の就活ハンドブック	日本政策投資銀行の就活ハンドブック
三井住友信託銀行の就活ハンドブック	

建設・不動産

三菱地所の就活ハンドブック	鹿島建設の就活ハンドブック
三井不動産の就活ハンドブック	大成建設の就活ハンドブック
積水ハウスの就活ハンドブック	清水建設の就活ハンドブック
大和ハウス工業の就活ハンドブック	

資源・素材

旭旭化成グループの就活ハンドブック	関西電力の就活ハンドブック
東レの就活ハンドブック	日本製鉄の就活ハンドブック
ワコールの就活ハンドブック	中部電力の就活ハンドブック

九州電力の就活ハンドブック

自動車

トヨタ自動車の就活ハンドブック

デンソーの就活ハンドブック

本田技研工業の就活ハンドブック

日産自動車の就活ハンドブック

商　社

三菱商事の就活ハンドブック

伊藤忠商事の就活ハンドブック

住友商事の就活ハンドブック

双日の就活ハンドブック

丸紅の就活ハンドブック

豊田通商の就活ハンドブック

三井物産の就活ハンドブック

情報通信・IT

NTT データの就活ハンドブック

サイバーエージェントの就活ハンドブック

NTT ドコモの就活ハンドブック

LINE ヤフーの就活ハンドブック

野村総合研究所の就活ハンドブック

SCSK の就活ハンドブック

日本電信電話の就活ハンドブック

富士ソフトの就活ハンドブック

KDDI の就活ハンドブック

日本オラクルの就活ハンドブック

ソフトバンクの就活ハンドブック

GMO インターネットグループ

楽天の就活ハンドブック

オービックの就活ハンドブック

mixi の就活ハンドブック

DTS の就活ハンドブック

グリーの就活ハンドブック

TIS の就活ハンドブック

食品・飲料

サントリー HD の就活ハンドブック

日本たばこ産業 の就活ハンドブック

味の素の就活ハンドブック

日清食品グループの就活ハンドブック

キリン HD の就活ハンドブック

山崎製パンの就活ハンドブック

アサヒグループ HD の就活ハンドブック

キユーピーの就活ハンドブック

生活用品

資生堂の就活ハンドブック

武田薬品工業の就活ハンドブック

花王の就活ハンドブック

電気機器

三菱電機の就活ハンドブック	パナソニックの就活ハンドブック
ダイキン工業の就活ハンドブック	富士通の就活ハンドブック
ソニーの就活ハンドブック	キヤノンの就活ハンドブック
日立製作所の就活ハンドブック	京セラの就活ハンドブック
ＮＥＣの就活ハンドブック	オムロンの就活ハンドブック
富士フイルム HD の就活ハンドブック	キーエンスの就活ハンドブック

保　険

東京海上日動火災保険の就活ハンドブック	三井住友海上火災保険の就活ハンドブック
第一生命ホールディングスの就活ハンドブック	損保ジャパンの就活ハンドブック

メディア

日本印刷の就活ハンドブック	エイベックスの就活ハンドブック
博報堂 DY の就活ハンドブック	東宝の就活ハンドブック
TOPPAN ホールディングスの就活ハンドブック	

流通・小売

ニトリ HD の就活ハンドブック	ZOZO の就活ハンドブック
イオンの就活ハンドブック	

エンタメ・レジャー

オリエンタルランドの就活ハンドブック	任天堂の就活ハンドブック
アシックスの就活ハンドブック	カプコンの就活ハンドブック
バンダイナムコ HD の就活ハンドブック	セガサミー HD の就活ハンドブック
コナミグループの就活ハンドブック	タカラトミーの就活ハンドブック
スクウェア・エニックス HD の就活ハンドブック	

▼会社別就活ハンドブックシリーズにつきましては，協同出版のホームページからもご注文ができます。詳細は下記のサイトでご確認下さい。

https://kyodo-s.jp/examination_company